胶板乒乓球运动教程

肖劲翔　主编

北京体育大学出版社

策划编辑：潘　帅
责任编辑：李志诚
责任校对：原子茜
版式设计：小　小

图书在版编目（CIP）数据

胶板乒乓球运动教程/肖劲翔主编．—北京：北京体育大学出版社，2020.12
　　ISBN 978 - 7 - 5644 - 0262 - 4

　　Ⅰ.①胶… Ⅱ.①肖… Ⅲ.①乒乓球运动 - 教材
Ⅳ.①G846

中国版本图书馆 CIP 数据核字（2020）第 268414 号

胶板乒乓球运动教程
JIAOBAN PINGPANGQIU YUNDONG JIAOCHENG

肖劲翔　主编

出版发行：北京体育大学出版社
地　　址：北京市海淀区农大南路 1 号院 2 号楼 4 层办公 B - 421
邮　　编：100084
网　　址：http：//cbs. bsu. edu. cn
发 行 部：010 - 62989320
邮 购 部：北京体育大学出版社读者服务部 010 - 62989432
印　　刷：北京建宏印刷有限公司
开　　本：710mm×1000mm　1/16
成品尺寸：170mm×240mm
印　　张：11. 75
字　　数：216 千字
版　　次：2020 年 12 月第 1 版
印　　次：2020 年 12 月第 1 次印刷
定　　价：58. 00 元

序

乒乓球运动是以技战术为主导的运动项目，其技术多样、战术丰富。速度快、旋转强、落点变化多是乒乓球运动的主要特征。虽然目前全球的乒乓球人口数量并不小，但也有一部分人群因为难以上手而放弃了参与乒乓球运动。在国际乒联的引导下，近年来大众乒乓球的发展越来越快，多种适宜于普通大众进行的乒乓球运动形式也应运而生。例如，胶板乒乓球运动、砂板乒乓球运动、光板乒乓球运动等。其中，胶板乒乓球拍的材质为橡胶，具有较好的耐磨性、防撞性、防水性。因此，它的使用寿命相对较长，且更适宜于在户外使用，甚至是在泳池边、沙滩上等各种休闲娱乐场所使用。胶板乒乓球运动与国际乒联未来大众化发展的理念最为契合，也是国际乒联最希望向大众推广的运动形式。同时，胶板乒乓球运动也因其球拍材质的特殊性，在旋转、力量、弧线上均较传统乒乓球运动有所减弱，非常适合普通大众参与。

该书的作者是北京体育大学乒乓球教研室肖劲翔老师，他曾是专业乒乓球运动员出身，为国家一级乒乓球运动员，曾取得 2003 年全国乒乓球锦标赛团体冠军，对乒乓球运动有较为深刻的理解。他也是北京市高校优秀教师、北京体育大学校乒乓球队主教练，曾带领学生连续多年取得全国大学生乒乓球锦标赛、全国体院杯团体冠军等优异成绩，具备良好的教学能力与执教经验。

该书作者在亲身体验胶板乒乓球运动后，经过较长一段时间的实践与思考，在多位乒乓球领域专家的协助下完成了该书的撰写。作者希望将其有关于胶板乒乓球运动的亲身实践与思考的经验，在结合相关专家的理论提炼后分享给大家。

该书共分为十一章，主要就胶板乒乓球运动的相关背景、特征、技术要领、训练方法等一系列的内容进行介绍。其中，第一章主要介绍了胶板乒乓球运动的产生背景及相关场地要求；第二、第三章主要介绍了胶板乒乓球运动的基本功；第四章主要是在理论上对胶板乒乓球运动员的相关物理特性进行了讲解；第五章到第十章主要是介绍了胶板乒乓球运动员常用技术的动作要领、易犯错误及训练方法；第十一章主要介绍了胶板乒乓球运动常用的技术组合及相关战术的训练方法。

　　该书作者在各章节的介绍相对细致，思维清晰，能够较好地为大众提供学习胶板乒乓球技术的有效途径，也能够较好地为胶板乒乓球运动的进一步推广提供一些帮助。

张瑛秋

北京体育大学

目　　录

CONTENTS

第一章　胶板乒乓球运动的产生及基本器材与场地 ……………………………… （1）

　　第一节　胶板乒乓球运动的产生 ………………………………………………… （1）

　　第二节　胶板乒乓球运动的器材与场地 ………………………………………… （2）

第二章　胶板乒乓球运动的基本理论与特征 ……………………………………… （6）

　　第一节　胶板乒乓球运动的基本理论 …………………………………………… （6）

　　第二节　胶板乒乓球运动的基本特征 ………………………………………… （15）

第三章　准备技术 …………………………………………………………………… （17）

　　第一节　握　拍 ………………………………………………………………… （17）

　　第二节　基本站位与准备姿势 ………………………………………………… （19）

　　第三节　熟悉球性 ……………………………………………………………… （20）

第四章　步　法 ……………………………………………………………………… （38）

　　第一节　基本步法 ……………………………………………………………… （38）

　　第二节　步法的有效运用 ……………………………………………………… （42）

　　第三节　步法的练习 …………………………………………………………… （47）

第五章　基本技术 …………………………………………………………………… （52）

　　第一节　正手快攻 ……………………………………………………………… （52）

　　第二节　反手快攻 ……………………………………………………………… （57）

第六章　发球技术 …………………………………………………………………… （61）

　　第一节　发球基本知识 ………………………………………………………… （61）

　　第二节　发球技术类别 ………………………………………………………… （64）

　　第三节　常见错误及提高方法 ………………………………………………… （89）

第七章　正手进攻技术 ·· (92)

　　第一节　正手位正手进攻技术 ····························· (92)

　　第二节　侧身位正手进攻技术 ····························· (100)

　　第三节　易犯错误及纠正方法 ····························· (103)

第八章　反手进攻技术 ·· (107)

　　第一节　反手进攻技术类别 ······························· (107)

　　第二节　易犯错误及纠正方法 ····························· (117)

第九章　搓削技术 ·· (119)

　　第一节　搓球技术 ····································· (119)

　　第二节　削球技术 ····································· (126)

　　第三节　易犯错误及纠正方法 ····························· (134)

第十章　组合技战术 ·· (136)

　　第一节　左右移动组合技术 ······························· (136)

　　第二节　前后移动组合技术 ······························· (138)

　　第三节　混合移动组合技术 ······························· (139)

　　第四节　发抢技术 ····································· (141)

　　第五节　接发抢技术 ··································· (143)

　　第六节　相持技战术 ··································· (145)

第十一章　裁判员基本法则 ······································ (147)

　　第一节　乒乓球比赛规则中的基本概念 ····················· (147)

　　第二节　乒乓球比赛的胜负机制 ························· (153)

　　第三节　乒乓球比赛中机会均等原则的体现 ··············· (156)

　　第四节　轮换发球法 ··································· (158)

　　第五节　比赛官员 ····································· (158)

　　第六节　乒乓球比赛的管理 ····························· (164)

　　第七节　乒乓球比赛的纪律 ····························· (175)

第一章 胶板乒乓球运动的产生
及基本器材与场地

第一节 胶板乒乓球运动的产生

关于乒乓球运动的起源，有各种各样的说法。根据国际乒乓球联合会（简称"国际乒联"，ITTF）的有关分析，19 世纪末，乒乓球运动创始于英国，并由网球运动派生而来。这种说法比较可靠。

在 1901 年出刊的俄罗斯《园地》杂志中，曾有这样一段描述：约 19 世纪后半叶的一天，在英国伦敦有两位青年网球迷去一家饭馆就餐，因为天气炎热，在等待服务员送餐时，他们就信手拿起桌上大号雪茄烟的硬纸盒盖子，用来扇风降温。当两人就网球战术争论得不可开交时，从酒瓶上拔下一个软木塞，以餐桌为场地，用扇风的烟盒盖子当球拍，模仿着打网球的动作，将软木塞打来打去。两人越打越起劲，引来了很多人围观，餐厅的女主人完全被这种别开生面的游戏吸引住了，不禁惊呼道："Table Tennis（桌上网球之意）。"这不经意的一喊，竟从此给乒乓球命了名。很快，这项餐桌上的游戏就流传到了欧洲许多国家，并逐渐演变发展为乒乓球运动。一开始，乒乓球运动没有统一的规则，有 10 分、20 分为一局的，也有 50 分或 100 分为一局的。发球时很随意，可像打网球似的将球直接发到对方台面，亦可把球先发到本方台面再跳至对方台面。所用器材也和今天的大不一样：球拍是空心的，用羊皮纸贴成，形状为长柄椭圆形。为了不损坏家具，往往在橡胶或软木实心球外部包一层轻而结实的毛线。当时，乒乓球是在餐桌上支起网来打的，有时索性就在地板上用两个椅子当作支柱中间挂起网来打，虽然打起来不是十分激烈，但颇有一番乐趣。

1890 年，有位名叫詹姆斯·吉布（James Gibb）的英国著名越野跑运动员到美国旅游时，偶然发现了一种用赛璐珞制成的空心玩具球，弹跳力很强。于是，他就将这种球稍加改进，之后这种球逐步在英国和世界其他国家推广开来。也许因为此球在桌上打来打去发出了"乒乒乓乓"的声音，英国一家体育用品公司首先用"乒乓"（Ping-Pong）一词作为广告的名称。乒乓球从此得名。

100多年来，竞技乒乓球的发展经历了削球打法主导时期（1926—1951年）、中远台单面长抽打法主导时期（1952—1959年）、近台快攻打法主导时期（1960—1969年）、弧圈球进攻打法兴起和新近台快攻打法继续保持优势时期（1970—1987年）、弧圈球进攻打法主导时期（1988年至今）五个主要阶段。竞技乒乓球运动在世界范围内蓬勃发展的过程中也吸引着越来越多的大众参与其中。据不完全统计，截至2020年，全世界的乒乓球人口已经超过5亿人，大众的参与度相对较高。因此，在国际乒联的引导下，近年来大众乒乓球的发展越来越快。多种适合大众进行的乒乓球运动形式应运而生，如胶板乒乓球运动、砂板乒乓球运动、光板乒乓球运动等。其中，胶板乒乓球运动与国际乒联未来大众化发展的理念最为契合，也是国际乒联最希望向大众推广的运动形式。

第二节　胶板乒乓球运动的器材与场地

一、胶板乒乓球的器材介绍

（一）球　台

（1）球台的上层表面叫作比赛台面，应为与水平面平行的长方形，长2.74米，宽1.525米，离地面高76厘米。

（2）比赛台面不包括球台台面的垂直侧面。

（3）比赛台面可以用任何材料制成，应具有一定的弹性，即当标准球从离台30厘米高处落至台面时，弹起高度应约23厘米。

（4）比赛台面应呈均匀的暗色，无光泽。沿每个2.74米的比赛台面边缘各有一条2厘米宽的白色边线，沿每个1.525米的比赛台面边缘各有一条2厘米宽的白色端线。

（5）比赛台面由一个与端线平行的垂直的球网划分为两个相等的台区，各台区的整个面积应是一个整体。

（6）双打时，各台区应由一条3毫米宽的白色中线划分为两个相等的"半区"。中线与边线平行，并应视为右半区的一部分。（图1-1）

图 1-1 胶板乒乓球台

（二）球网装置

（1）球网装置包括球网、悬网绳、网柱及将它们固定在球台上的夹钳。

（2）球网应悬挂在一根绳子上，绳子两端系在高 15.25 厘米的直立网柱上，网柱外缘离开边缘的距离为 15.25 厘米。

（3）整个球网的顶端距离比赛台面 15.25 厘米。

（4）整个球网的底边应尽量靠近比赛台面，其两端应尽量贴近网柱。（图 1-2）

图 1-2 球网装置

（三）乒乓球

（1）球应为圆球体，直径为 40 毫米。

（2）球重 2.7 克。

（3）球应用塑料制成，呈白色或橙色，且无光泽。（图 1-3）

图1-3 乒乓球

（四）球 拍

（1）球拍的表面均有橡胶覆盖，内部材质无特殊要求。

（2）球拍的各部分为一个整体结构，但形状、大小无特殊限制。

（3）球拍的颜色无特殊要求，仅须无明显反光即可。

（4）球拍表面无任何覆盖物。（图1-4）

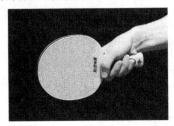

图1-4 胶板乒乓球拍

二、胶板乒乓球的场地介绍

（一）比赛标准场地

（1）标准赛区空间应为不少于14米长、7米宽的长方形，高度不低于5米，但也可根据实际比赛的条件适当进行调整。

（2）以下器材和装置应被视为每个比赛区域的一部分：球台及球网装置、裁判员桌椅、比分显示器、毛巾盒、台号、挡板、地胶、挡板上的队名牌或人名牌。

（3）赛区应用75厘米高的同一深色的挡板围起，以与相邻的赛区及观众隔开。

（4）比赛台区的照度不得低于600勒克斯，且整个比赛照度均匀，赛区其他地方的照度不得低于400勒克斯。

（5）使用多张球台时照明水平应是一致的，比赛大厅的背景照度不得高于比赛区域的最低照度。

（6）在标准场地中，光源距离地面不得少于 5 米，但可以根据实际比赛情况适当进行调整。

（7）场地四周应为暗色，不应有明亮光源，或从未加掩盖的窗户等透过的日光。

（8）地板不能颜色太浅或反光强烈或打滑，表面不得为砖、陶瓷、水泥等。
（图 1-5）

图 1-5 胶板乒乓球比赛标准场地

（二）大众健身及娱乐场地

（1）大众健身与娱乐过程中，胶板乒乓球运动的场地要求相对较低。

（2）胶板乒乓球运动可将球台置于草坪、沙滩、天台等众多适合大众休闲、度假的场所。

（3）球台四周可以有适量的挡板，也可无任何挡板。

（4）光源主要以自然光为主。（图 1-6）

图 1-6 胶板乒乓球大众健身及娱乐场地

第二章 胶板乒乓球运动的
基本理论与特征

第一节 胶板乒乓球运动的基本理论

一、胶板乒乓球运动的五要素

（一）胶板乒乓球的弧线

1. 击球弧线的概念与组成

击球弧线是指乒乓球被击出后的飞行轨迹，它由2部分组成，如图2-1所示。

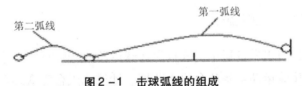

图2-1 击球弧线的组成

（1）第一弧线：指球被球拍击出后到落到对方台面为止的飞行路线。

（2）第二弧线：指球从对方台面弹起直至碰到其他物体（如球拍、地面）为止的飞行路线。

乒乓球的飞行弧线主要由弧线高度与打出距离组成，如图2-2所示。

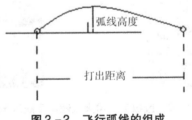

图2-2 飞行弧线的组成

（3）弧线高度：指弧线最高点至台面的垂直距离，可用符号 H 表示。

（4）打出距离：指击球点在台面（或台面的同一水平线）上的投影点至落台点的直线距离，可用符号 L 表示。

2．影响弧线的因素

（1）球的出手角度：指球被球拍击离时与水平面所形成的角度，在其他因素不变的条件下，在 45 度以内，球的出手角度越大，弧线越高，打出距离也越长。球的出手角度由击球瞬间的拍面角度和用力方向决定。

（2）球出手时的初速度：在其他因素不变的情况下，球出手时的初速度越快，弧线越高，打出距离也越长。

（3）球的旋转：旋转对乒乓球的弧线有着重要的影响。在流体力学中，流速越快，压强越小，流速越慢，压强越大。在乒乓球运动中，不管是上旋、下旋还是侧旋，其飞行弧线也都遵循流体力学的这一定律。

如图 2－3 所示，当球带着上旋飞行时，同时带动球体周围的空气一起旋转，而且球体上沿旋转着的气流受到迎面空气的阻力，因而流速降低；球体下沿的气流与迎面空气阻力方向相同，因而加快了流速。这就导致上旋球的上沿流速小而压力大，下沿空气流速大压力小。又因为球体上下沿的面积相等，所以气流给予上旋球一个向下的力，使得上旋球下落速度快。

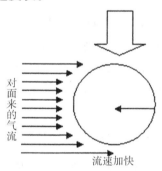

图 2－3 球的旋转

因此，上旋球比相同情况下的不转球飞行弧线要短、要低。这说明有上旋的攻球比无上旋的攻球准确且保险。（图 2－4）

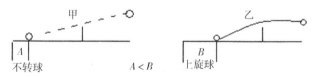

图 2－4 不转球与上旋球的飞行弧线

飞行中，下旋球的情况和上旋球正好相反：球体上沿的空气流速快，压强小；下沿的空气流速慢，压强大，于是气流给球体一个上浮力。因此，在相同条件下，下旋球比不转球的弧线要高、要长。

同样的道理，如图 2-5 所示，飞行的左侧旋球，由于左侧压强大，右侧压强小，球飞行弧线向右拐。右侧旋球相反，球的飞行弧线向左拐。

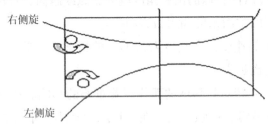

图 2-5　左侧旋球与右侧旋球的飞行弧线

通过以上分析可知，乒乓球飞行弧线的轨迹及其变化是相当复杂的。上旋可增加第一弧线的弯曲度，增大第二弧线的飞行速度，减小第二弧线的高度。下旋可减小第一弧线的弯曲度，缩短第二弧线的弹出距离，增大弹起弧线的高度。左侧旋可使球的第一、第二弧线皆向右拐，右侧旋可使第一、第二弧线皆向左拐。

3.弧线的作用

合理的第一弧线是击球准确性的保证，要根据不同的来球制造不同的弧线。例如，攻击近网低球时，弧线弯曲度要大些，打出距离要短；回击近网低球时，弧线弯曲度可小些；回击远台低球时，需要较大的弧线高度和较长的打出距离。弧圈球技术击球时有强烈的上旋，因而容易制造合理的击球弧线，它将击球的威胁性和准确性很好地统一了起来。

利用不同的弧线可增加球的威胁性。击球时在越过球网的前提下，应尽量压低回球弧线。一般来说，回球越低，对方击球的难度就越大。还可以利用左右侧旋的变化加大回球弧线向左右偏飞的角度，扩大对方回球的跑动范围。

（二）胶板乒乓球的速度

1.击球速度的概念

在物理学上，速度是表示运动方向和运动快慢的物理量，在匀速直线运动中，速度在数值上等于单位时间内通过的距离。但是"击球速度"却是乒乓球的一个专业术语。它与前面所讲的速度概念有所不同。例如，在扣杀远台高球时，球的速度可谓大，但通常把这样的球叫力量大，而不一定叫速度快；而在近台快攻时，只是借力击球，人们也会说击球速度快，但实际球的飞行速度比扣杀球小得多。这说明乒乓球的击球速度与物理学上讲的速度的概念是不同的。

乒乓球技术中所指的击球速度是指从对方来球落到我方台面开始，到弹起被我方球拍回击后又落到对方台面为止这一过程所用的时间。时间短者，谓之快；时间长者，谓之慢。具体来说，其是由两个因素决定的。

（1）还击来球时间。还击来球时间是指来球自本方球台弹起至本方运动员球拍触球一瞬间为止的飞行时间。显然，在上升期击球时还击来球所需的时间短于在高点期击球，而高点期击球时还击来球所需的时间短于下降期击球。中国运动员的攻球速度快，很重要的一个原因就是这段时间短。

（2）击球后球的飞行时间。击球后球的飞行时间是指从球被击离球拍至落到对方台面为止的这段时间。

为了提高击球速度，在击球时一方面应尽可能缩短还击来球所需的时间，另一方面应尽可能缩短球在空中飞行的时间。因此，在击球时应适当缩短击球时间，尽可能降低回球弧线的曲度和缩短球的打出距离，同时，还应加大击球力量。

2．如何提高击球速度

欲提高击球速度，在技术上应该注意以下几点。

（1）站位要近台。

（2）提早击球，在上升期以前击球。

（3）击球动作多向前用力，以降低球在空中飞行弧线的高度，缩短第一弧线的飞行时间。

（4）善于利用手腕发力。

（5）触球瞬间出手要快。

（6）快速的反应和灵活的步法。

（三）胶板乒乓球的旋转

1．乒乓球旋转的成因

如图 2 - 6 所示，击球时，如果力的作用线绝对通过球心，球只具有一定的前进速度，而没有任何旋转。

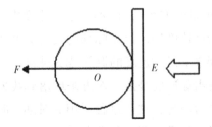

图2-6　力的作用线绝对过球心

如图2-7所示，如果力的作用线不通过球心，而与球心有一定的垂直距离，这个垂直距离（L）叫作力臂。力臂的产生使作用力（F）分解为垂直于拍面的分力（f）和平行于拍面的分力（s），前者使球平动，后者使球转动。

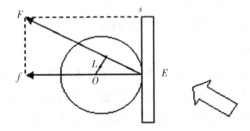

图2-7　力的作用线不过球心

击球时垂直于拍面的力就是前进力，平行于拍面的力就是摩擦力，而摩擦力正是使球产生旋转的基本原因。

2. 乒乓球的旋转轴

乒乓球本身是一个无固定旋转轴的物体，但它一旋转起来，就会自然地产生出一个轴来。乒乓球的旋转基本轴有3条：左右轴、上下轴和前后轴。围绕基本轴所产生的旋转类别及其特点见表2-1。

表2-1　乒乓球旋转轴的类别及特点

	旋转轴类别					
	左右轴		上下轴		前后轴	
旋转名称	上旋	下旋	左侧旋	右侧旋	顺旋	逆旋
空中飞行弧线	弯曲度大	弯曲度小	向右拐弯	向左拐弯	拐弯不明显	拐弯不明显
落台后弹起情况	向前拱	前进力弱	略向右拐	略向左拐	右拐明显	左拐明显
平挡后情况	向上飞	向下飞	向左飞	向右飞	不明显	不明显

但是，在乒乓球运动的实际情况中，单纯的只有一种基本轴旋转的现象是少有

的，经常是两种基本轴相结合的旋转，如侧上旋、侧下旋。

3．影响乒乓球旋转的因素

（1）力臂。在相同击球力量的条件下，力臂越大，摩擦力也越大，旋转就越强；反之就越弱。力臂的大小与挥拍时的用力方向有关。力的作用线远离球心，力臂就大，摩擦力相对就会增强，旋转就强；力的作用线越接近球心，力臂就小，摩擦力减小，旋转减弱。

（2）击球力量。在相同力臂的条件下，击球力量越大，旋转越强，反之越弱。击球力量大小取决于挥拍速度的大小尤其是击球瞬间的挥拍速度。挥拍速度越快，拍面对球的摩擦作用越强；反之越弱。

（3）球拍黏性。球拍黏性越大，摩擦系数越大，相同条件下，摩擦力也越大，旋转也越强；反之越弱。正胶海绵拍和生胶拍黏性较小，制造旋转的能力较弱；反胶海绵拍黏性较大，有利于制造旋转。

4．增强击球旋转的方法

（1）充分发挥全身的击球力量，将其集中作用到球上。

（2）尽量加大球拍触球瞬间的挥拍速度。为此，不仅要善于运用全身的力量，还应特别重视发挥手腕、手指的作用。

（3）用线速度较大的球拍部位触球。在挥拍速度一定时，用靠近球面上部触球，则半径小，触球点的线速度也小；反之，用靠近球面的下部触球，则半径大，触球点的线速度也大。

（4）适当增加球拍摩擦球的时间。

（5）借助来球旋转，这是一种顺着来球旋转加转的方法。

（6）选用黏性大的球拍。

5．回击旋转球的方法

（1）调整拍形。遇上旋，拍形应前倾；遇下旋，拍形稍仰；遇左侧旋，拍形偏向对方右角；遇右侧旋，拍形偏向对方左角。

（2）调整用力方向与大小。遇上旋，向下用力；遇下旋，向上用力；遇左侧旋，用力偏向对方右角；遇右侧旋，用力偏向对方左角。

（3）避开强转区触球。旋转球越靠近旋转轴的部位，其旋转的线速度越小；越远离旋转轴的部位，其旋转的线速度越大。因此，选择比较靠近旋转轴的部位触球，不易吃转。

（4）选用黏性小、弹性小的球拍。

（四）胶板乒乓球的力量

1.击球力量的概念

在乒乓球运动中，击球力量大是指球被合法还击后在空中向前飞行的速度快。击球力量在提高击球速度、制造和克服旋转、加大击球威力方面有着重要的作用。

2.影响击球力量的因素

（1）击球瞬间挥拍速度。根据生物力学原理，击球瞬间的挥拍速度取决于加速距离的长短和速度增加快慢。加速距离就是指实际中的挥拍距离。如果挥拍距离太短，则达不到足够的挥拍速度。除了适当拉长加速距离外，更为重要的是力求在此距离内速度的增加幅度要大。要在一定距离内使挥拍速度加快，就必须充分发挥上臂、前臂、手腕甚至腰、腿的协调作用，使躯干、肩、肘和腕的各个关节都能起到一致的加速作用。

（2）参与工作的肌肉质量。脚、腿、髋、腰、臂、腕、手指等部位都要发力，并协调一致地用到击球上。举个生活中的例子：一辆卡车和一辆自行车以相同的速度撞到物体，显然卡车产生的效果大，也就是卡车的力量大，原因就是卡车的质量大。同理，如果触球瞬间挥拍的速度相同，谁参加工作的肌肉质量大，谁的击球力量就大。

3.提高击球力量的方法

（1）注意脚、腿、髋、腰、臂、腕、手指力量的协调配合，发挥全身的击球力量去击球。

（2）击球瞬间有一定的爆发力，使球拍达到最大前挥速度。

（3）选择合适的击球时间和击球点。

（4）发力前用力肌肉应适当拉长，以利于击球时进行快速收缩。

（5）用球拍的适宜部位触球，一般为球拍中区略偏远部位。

（6）选用弹性大、海绵厚的球拍。

（7）加强力量素质训练。

（五）胶板乒乓球的落点和线路

1.击球落点和线路的概念

球被击出后，落在对方台面上的点叫作击球的落点。

击球点到落点之间的连线叫作击球路线。基本的击球路线有 5 条，即右方斜线、左方斜线、右方直线、左方直线和中路直线，如图 2-8 所示。

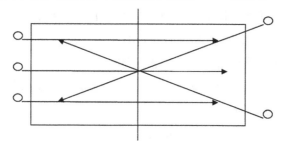

图 2-8　基本的击球路线

在实际中，击球者很难把球击到一个点上，多是击球到一定的范围内，这个一定的范围叫作击球区域。在实际中，落点都不是指某一点，而是指特定的一个区域。

2．什么是好落点

（1）"小三角"区域。所谓的"小三角"，是指一边为 1/4 球网（近边线侧），一边是半台内边线的 1/2（近网），以及二者的连线所构成的三角形。半台范围内有两个"小三角"。实践证明，"小三角"是击球的好落点。

（2）对方技术上的缺点部位，如有人反手差、有人正手差等。

（3）利用假动作等制造的超出对方判断的落点。

3．击球落点和线路的作用

（1）扩大对方的移动范围。落点离对方的站位越远，对方的移动范围越大，移动范围越大，对方回球的难度越大。

（2）紧逼对方弱点，限制对方特长技术发挥。

二、击球的基本环节和动作结构

（一）击球的基本环节

贯穿于每一项击球之中的基本因素叫作击球的基本环节。它由 5 个部分组成：

（1）准备。这包括两方面的准备：一是身体方面的准备，包括站位、身体姿势等；二是心理方面的准备，全神贯注。

（2）判断。判断是移动步法和击球的前提和基础。只有在判断清楚来球的路线、落点、旋转、速度和高度等情况下，才能进行及时的移动和选择相应的击球方式。判断要准确、迅速。预测在判断中是有一定作用的，但是必须明确，判断来球主要是从对方的动作和击球后球的飞行情况来分析。

（3）移步。根据准备的情况和判断的结果，迅速地采用合理的步法移动到适宜的击球位置。快速且正确的步法移动是保证合理击球点的重要条件。

（4）击球。后面要重点讲，在此不做细述。

（5）还原。击球后，应根据具体情况，迅速还原到准备姿势，或身体重心做适当调整，以便于下一板击球。

以上5个部分是一个整体，密切相连，环环相扣，哪一个环节处理不好都会造成被动或失误。

（二）击球的动作结构

乒乓球击球的技术动作是多种多样的，各个击球的动作要领互不相同。但是，我们把所有的技术动作分为3个不同的阶段：引拍动作阶段、击球动作阶段和结束动作阶段。

1. 引拍动作阶段

引拍动作阶段首先应根据对方来球的落点、旋转和自己准备的击球动作，选择合适的站位。站位位置的正确与否直接影响击球的效果。引拍是迎球挥拍前的准备姿势，为的是更好地发力击球。引拍是否及时决定着能否保持合适的击球点，引拍的方向决定着回球的旋转性质和回球的路线，引拍幅度的大小和加速的快慢决定着飞行的速度和力量。

2. 击球动作阶段

击球动作阶段即挥拍向前打球的动作阶段，它包括整个动作的发力方向、发力大小、参加工作的肌肉、发力顺序、发力方法、拍形、触球部位、击球时间和击球点等。

3. 结束动作阶段

结束动作阶段指击球后由于惯性作用而随势前挥的一段动作的阶段。这能够保持击球动作的稳定和完整，有利于保证击球动作的准确性。击球后要迅速还原，以利于回击下一板球。

第二节 胶板乒乓球运动的基本特征

一、胶板乒乓球运动的大众普适性特征

（一）球拍材质的特殊性

胶板乒乓球拍的材质为橡胶，具有较好的耐磨性、防撞性、防水性等。因此，它的使用寿命相对较长，且更适合在户外使用，甚至可在泳池边、沙滩上等各种休闲娱乐场所使用。

（二）球拍的便捷性

胶板乒乓球运动所采用的球拍为全橡胶包裹的、一体化的球拍，参与者不需要挑选各自适用的底板、胶皮等，也无须灌胶、刷胶，更无须关心胶皮的保养、更换等。大家使用相同的橡胶材质球拍，既省钱，又省事，胶板乒乓球为广大参与者提供了便利。

（三）球拍性能的特殊性

胶板乒乓球拍在击球过程中也有一定的底劲，能够制造一定的旋转。但受其材质的限制，胶板乒乓球拍在击球瞬间所产生的力量、速度和旋转远远不及传统的乒乓球拍。而乒乓球运动的难度便在于速度快、旋转强且变化多。绝大多数中途放弃的参与者是因为难以摸清乒乓球运动的旋转，难以跟上乒乓球运动的速度。胶板乒乓球运动在很大程度上降低了乒乓球的旋转和速度，降低了参与的难度，更适合普通大众的参与。

二、胶板乒乓球运动的健身与娱乐性特征

（一）胶板乒乓球运动的健身性

胶板乒乓球拍所能产生的旋转相对较弱，大大增加了每次击球过程中的容错性，因此，对于参与者的技术水平要求相对较低。即便是参与者的技术水平稍低，也能够较好地将球击回。

胶板乒乓球拍所能产生的速度相对较慢，因此，对于参与者的反应速度要求相

对也较低，使得参与者能够有相对充足的时间判断来球的落点与旋转，进而更好地回击。这也使得胶板乒乓球运动员每回合持续的板数更多，参与者能够在台上运动的时间相对更长，在很大程度上减少了频繁捡球的枯燥与乏味。

胶板乒乓球拍的底劲相对较小，因此，需要参与者在击球过程中更多地主动发力。胶板乒乓球拍虽然减少了技术水平要求，但提升了对参与者的力量需求，在一定程度上保证了胶板乒乓球运动的强度。

综合而言，胶板乒乓球运动因其球拍材质的影响，降低了乒乓球的旋转、速度和力量，使其对参与者的技术水平要求相对较低。但胶板乒乓球运动增加了每回合的板数、每板击球的力量需求，使其运动强度维持在了一定的水平，能够较好地收到大众健身的效果。

（二）胶板乒乓球运动的娱乐性

较传统乒乓球运动而言，胶板乒乓球运动的旋转、速度和力量都大大减小。这在很大程度上拉近了不同技术水平参与者之间的距离。

在传统乒乓球运动中，若水平较低的运动员与水平较高的运动员进行训练或比赛，低水平者可能连接发球都困难。但在胶板乒乓球运动中并非如此，因球拍的限制，高水平者发球的旋转、速度也同样受限，很可能仍在水平较低者的承受范围之内。不同水平参与者之间也能正常交流、切磋，且胶板乒乓球运动对于参与者实际的技术水平要求不高，各水平层次的参与者均有可能打出精彩的回合，大大提升了该运动的娱乐性。

第三章 准备技术

第一节 握 拍

握拍是学习乒乓球的第一课。从上肢动作来讲，每个击球动作都是由手臂、手腕和手指相互配合用力完成的，较好的握拍方法既便于发力，又便于发挥手指、手腕的灵活性，满足自身打法和运动员个性特点的需要。因此，握拍方法直接影响着击球动作的正确性。

目前，握拍主要有直拍握法和横拍握法两种握拍方法。两种握拍方法各有优缺点。直拍握法手指变化多，比横拍握法灵活。一般来讲，直拍握法的技术细腻，并在发球变化、处理台内球和追身球等方面较横拍握法方便，但反手的攻击力较小，出成绩的周期较长。与直拍握法相比，横拍握法手指、手掌接触拍柄的面积较大，一般来讲握拍比较稳定，容易发力，且控制球的范围也较大，反手有较强的攻击能力。但横拍握法不够灵活，发球变化较少，处理台内球和追身球没有直拍握法方便。因胶板乒乓球本身制造旋转能力较弱，横拍握法更为适合胶板乒乓球运动，在此仅以横拍握法为基础进行介绍。

一、横拍握法

（一）横拍握法要点

（1）中指、无名指和小指自然地握住拍柄。

（2）拇指在球拍的正面轻贴在中指旁边；食指自然伸直，斜放于球拍的背面。

（3）虎口正对球拍拍肩的正中间，这种握法能兼顾正反手技术的运用。（图 3 - 1 至图 3 - 3）

  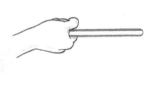

图 3-1　横拍握法正面图　　图 3-2　横拍握法反面图　　图 3-3　横拍握法侧面图

（二）横拍浅握法要点

浅握时，虎口轻微贴拍。（图 3-4）

优点：手腕较灵活，便于处理台内球。

缺点：球拍的稳定性较差，不利于固定拍形。

背面图　　　　　　　　　　　　正面图

图 3-4　横拍浅握图

（三）横拍深握法要点

深握时，虎口紧贴球拍。（图 3-5）

优点：易控制拍面角度，球拍的稳定性较好，且便于发力。

缺点：握拍手的肌肉较紧张，手腕的灵活性较差，不便于处理台内球。

背面图　　　　　　　　　　　　正面图

图 3-5　横拍深握图

二、握拍练习

目的：让运动员在学习初期，对不同的握拍方法有一定的了解，根据握拍方法和自身打法类型进行调整和匹配，掌握最适合自己的正确握拍方法，以免错误的握拍方法难以纠正。

方法：教练员不断重复地指导运动员进行正确的握拍，通过不断地检查、纠正，让运动员产生最好的握拍肌肉反应，把最细节的地方把控好，减少后期教学产生的不必要的困难。

要求：严格按照要求让运动员根据不同打法类型进行握拍练习。

第二节 基本站位与准备姿势

一、基本站位（以右手执拍为例）

乒乓球运动员的基本站位应该根据个人特点及打法来决定，以便发挥个人特点。胶板击球弹性小，旋转弱，所以站位以中近台为主。（图3-6至图3-8）

图3-6 基本站位侧面图　　　图3-7 基本站位正面图　　　图3-8 基本站位背面图

二、准备姿势

作用：在乒乓球比赛中，运动员的准备姿势会因个人技术风格的不同而有所区别，会根据不同的身体情况而变化，以便发挥其不同的身体优势。对于初学者来讲，掌握正确的准备姿势是学习乒乓球的基础，这有助于更好、更快地掌握乒乓球的基本技术，帮助其在比赛中以一个更好的状态进入比赛。

动作要领：两脚平行站立（略比肩宽），提踵，前脚掌内侧用力着地，两膝微屈，上体略前倾；重心置于两脚之间；两眼注意来球；执拍手臂自然弯曲置于身体右侧（以右手执拍为例），手腕放松执拍于腹前，离身体20~30厘米。

两脚开立略比肩宽的目的是保持身体重心稳定，两膝微屈、脚内侧用力着地有利于迅速蹬地起动，而提踵对于快速起动具有重要作用。

应注意的问题：

（1）上体应略前倾，适当收腹。切不可将背挺得太直，也不可"猫腰"。

（2）两膝微屈，前脚掌内侧着地。僵直的膝关节缺乏弹性，会降低移动的速度。此外，膝关节的屈伸有助于发力。

（3）一定不可忽视的是左脚稍前（以右手执拍为例），因为对于横拍运动员来讲，正手更重要。

（4）两脚开立略比肩宽，但不能超过肩宽的1.5倍。这样既便于移动，又比较稳定。

（5）球拍不可沉得过低，以免影响台内球的处理。

第三节　熟悉球性

一、托　球

（一）原地托球

目的：熟悉球性。

方法：运动员两脚开立，与肩同宽，用执拍手按要求握好球拍，不执拍手将球放在球拍上。运动员尽量让球停留在球拍上，身体保持稳定。比一比哪位运动员的球在球拍上停留的时间最长、停留得最稳定。

要求：

（1）握拍方法要正确。

（2）身体和手臂放松。

（3）身体和手臂保持稳定。

（4）脚移动算失误。

（二）托球走

目的：熟悉球性。

方法：运动员两脚前后开立，与肩同宽，用执拍手按要求握好球拍，不执拍手将球放在球拍上，待球稳定后开始缓缓地向前行走。运动员尽量让球停留在球拍上，身体保持稳定。比一比哪位运动员的球在球拍上停留的时间最长、停留得最稳定。

要求：

（1）握拍方法要正确。

（2）身体和手臂放松。

（3）身体和手臂保持稳定。

（4）尽量走直线。

相关练习方法：

（1）托球直线走：运动员托球按照地上的白线向前行走，两脚全部离开白线算失误。

（2）托球转体：运动员托球听口令向左、向右、向后转体，没有按照要求练习者算失误。

（3）托球绕台行走：在运动员托球行走过程中，教练员可根据运动员的情况随时喊"向后转"。当听到动令后，运动员立即转身继续行走，超过球台边线、端线半米或撞球台者算失误。

（4）托球按要求行走：运动员托球按照地上所标出的路线图行走。路线图可以是各种几何图形的组合，走出路线图或走错路线算失误。

（三）托球碎步疾跑

目的：熟悉球性。

待运动员托球走的练习熟练后，可将走换成跑。

（四）托球迎面接力

目的：熟悉球性。

方法：运动员两脚前后开立，与肩同宽，用执拍手按要求握好球拍，不执拍手将球放在球拍上，当听到"预备——跑"的动令后，运动员以最快的速度向对面的本方运动员跑去。尽量让球停留在球拍上，身体保持稳定。如果球在半路落地，捡球后要回到球落地的位置继续向前跑。到达对面白线后将球用手递给下一位运动员，不可抛球、传球，比一比谁最快到达终点。

要求：

（1）握拍方法要正确。

（2）身体和手臂放松。

（3）身体和手臂保持稳定。

（4）球落地捡回球后，没有从球落地点出发则取消该队比赛资格。

（5）两名运动员衔接时传球、抛球的队取消比赛资格。

相关练习方法：

（1）托球绕台接力：运动员托球，当听到"预备——跑"的动令后，运动员以最快的速度绕球台跑，每人跑两圈。超过球台边线、端线半米或撞球台者取消该队比赛资格。

（2）托球迎面按要求接力：运动员托球，当听到"预备——跑"的动令后，运动员以最快的速度按照地上所标出的路线图向对面的本方运动员跑去。路线图可以是各种几何图形的组合，走出路线图或走错路线算失误。

（五）托球躲人

目的：熟悉球性。

方法：运动员两脚前后开立，与肩同宽，用执拍手按要求握好球拍，不执拍手将球放在球拍上，当听到"预备——跑"的动令后，在规定的区域内跑动。跑动过程中运动员不能撞上其他人，并应该尽量让球停留在球拍上，身体保持稳定。如果球在半路落地，捡球后要回到球落地的位置上，撞上其他人的运动员马上离开比赛场地。看一看最终哪位运动员能够留在比赛场地。

要求：

（1）握拍方法要正确。

（2）身体和手臂放松。

（3）身体和手臂保持稳定。

（4）球 5 次落地者离开比赛场地。

（5）3 秒钟没有移动者离开比赛场地。

相关练习方法：

托球抓人：运动员托球，当听到"预备——跑"的动令后，抓人者尽快用手拍击其他人，一旦一名运动员被抓人者用手拍到，则马上变成抓人者，其他人在规定的区域内跑动。

二、颠 球

（一）原地颠球

目的：熟悉球性。

方法：运动员两脚开立，与肩同宽，用执拍手按要求握好球拍，不执拍手将球放到球拍上。运动员以肘关节为轴，前臂上下运动，尽量让球在球拍上上下跳动，身体保持稳定。比一比哪位运动员的球在球拍上停留的时间最长、停留得最稳定。

要求：

（1）握拍方法要正确。

（2）身体和手臂放松。

（3）身体和手臂保持稳定。

（4）脚移动范围应在两米之内，否则算失误。

（5）开始时对球在球拍上跳动的高度不做限制。随着运动员对球性的逐渐熟悉，可要求运动员将球跳起的高度控制在一个相对稳定的范围内。

（6）随着运动员对球性的逐渐熟悉，可要求运动员将球颠起的高度控制在相对稳定的范围内，并每击10次球变化一个高度。

（7）开始时对运动员不执拍手颠球的高度不做限制，随着运动员对球性的逐渐熟悉，可要求运动员将球颠起高度控制在一个相对稳定的范围内。

（8）随着运动员对球性的逐渐熟悉，可要求运动员将球颠起的高度控制在相对稳定的范围内，并每击两次球变化一个高度。

（二）颠球走

目的：熟悉球性。

方法：运动员两脚前后开立，与肩同宽，用执拍手按要求握好球拍，不执拍手将球放到球拍上。运动员以肘关节为轴，前臂上下运动，尽量让球在球拍上上下跳动，待球稳定后开始缓缓地向前行走，身体保持稳定。比一比哪位运动员的球在球拍上停留的时间最长、停留得最稳定。

要求：

（1）握拍方法要正确。

（2）身体和手臂放松。

（3）身体和手臂保持稳定。

（4）尽量走直线。

（5）开始时对球在球拍上跳动的高度不做限制。随着运动员对球性的逐渐熟悉，可要求运动员将球跳起的高度控制在一个相对稳定的范围内。

（6）随着运动员对球性的逐渐熟悉，可要求运动员将球颠起的高度控制在相对稳定的范围内，并每击 10 次球变化一个高度。

（7）开始时对运动员执拍手颠球的高度不做限制。随着运动员对球性的逐渐熟悉，可要求运动员将球颠起的高度控制在一个相对稳定的范围内。

（8）随着运动员对球性的逐渐熟悉，可要求运动员将球颠起的高度控制在相对稳定的范围内，并每击两次球变化一个高度。

相关练习方法：

（1）颠球直线走：运动员颠球按照地上的白线直线向前行走。

（2）颠球转体：运动员颠球向左、向右、向后转体。

（3）颠球绕台行走：运动员颠球绕球台行走，教练员可根据运动员的情况随时喊"向后转"，当听到动令后，运动员立即转身继续行走。

（4）颠球按要求行走：运动员颠球按照地上所标出的路线图行走，路线图可以是各种几何图形的组合。

（三）颠球碎步疾跑

目的：熟悉球性。

待运动员颠球走的练习熟练后，可将走换成跑。

三、抛 球

目的：熟悉球性。

方法：运动员两脚开立，与肩同宽，用执拍手按要求握好球拍，不执拍手自然伸直，球自然地置于不执拍手的手掌上，手掌张开，保持静止。运动员用手将球几乎垂直地向上抛起，不得使球旋转，并使球在离开不执拍手的手掌之后上升不低于 16 厘米，然后用不执拍手将球接住，再向上抛起。看一看哪位运动员抛出的球既符合要求，又能用不执拍手接住。

要求：

（1）抛球方法要正确。

（2）身体和手臂放松。

（3）身体和手臂保持稳定。

（4）不执拍手抛球时，一定要自然伸平，否则算失误。

（5）不执拍手抛球时，球一定要放在不执拍手的手掌上，否则算失误。

（6）抛球时球应尽量贴住身体向上垂直抛起，如果抛出的球倾斜角度大于45度则算失误。

（7）接球时脚不能移动，无论接球时脚向哪个方向移动均算失误。

（8）开始时对运动员不执拍手抛球的高度不做限制。随着运动员对球性的逐渐熟悉，可要求运动员将抛球的高度控制在一个相对稳定的范围内。

（9）随着运动员对球性的逐渐熟悉，可要求运动员将球抛起的高度控制在相对稳定的范围内，并每抛两次球变化一个高度。

相关练习方法：

高抛球：抛球高度超过头顶，然后用不执拍手将球接住。

抛球后球拍接球：运动员抛球后，用球拍将球接住。

四、传　球

（一）用力颠球后接球

目的：熟悉球性。

方法：运动员两脚开立，与肩同宽，用执拍手按要求握好球拍，不执拍手自然伸直，球自然地置于不执拍手的手掌上，手掌张开，保持静止。运动员用手将球几乎垂直地向上抛起，不得使球旋转，并使球在离开不执拍手的手掌之后上升高度不低于16厘米。然后，运动员用球拍开始颠球，颠球时运动员以肘关节为轴，前臂上下运动，尽量让球在球拍上上下跳动，身体保持稳定。待球在球拍上颠稳后，运动员用力将球垂直向上颠起，然后用不执拍手将球接住，再将球打回。比一比哪位运动员颠得高、接得稳。

要求：

（1）握拍方法要正确。

（2）身体和手臂放松。

（3）身体和手臂保持稳定。

（4）脚移动范围应在两米之内，否则算失误。

（5）开始时对运动员最后将球颠起的高度不做限制。随着运动员对球性的逐渐熟悉，可要求运动员将球颠起的高度控制在一个相对稳定的范围内，并逐渐增加颠起的高度。

（6）随着运动员对球性的逐渐熟悉，可要求运动员用不执拍手接球时脚不能移动，脚无论向哪一个方向移动均算失误。

相关练习方法：

颠球后接球：两人一组，运动员用力将球向同伴所在的位置颠起，然后由同伴用不执拍手将球接住。

颠球后移动接球：两人一组，运动员用力将球向同伴所在的位置偏左、偏右、偏前或偏后颠起，然后由同伴用不执拍手将球接住。

多人颠球接球：多人围成一圈，运动员颠球后用力向前上方将球击出，同时喊其他运动员的姓名或号码，被喊到姓名或号码的运动员接球。

（二）用力颠球后用球拍接球

目的：熟悉球性。

待运动员颠球用不执拍手接球的练习熟练后，可改成用球拍接球，继续颠球。

五、拍　球

（一）原地拍球

目的：熟悉球性。

方法：运动员两脚开立，与肩同宽，用执拍手按要求握好球拍，不执拍手自然伸直，球自然地置于不执拍手的手掌上，手掌张开，保持静止。运动员用手将球几乎垂直地向上抛起，不得使球旋转，并使球在离开不执拍手的手掌之后上升高度不低于16厘米。运动员以肘关节为轴，前臂上下运动，将球用球拍拍向地板，尽量让球在球拍和地板间上下跳动，身体保持稳定。比一比哪位运动员拍球次数最多、拍球最稳定。

要求：

（1）握拍方法要正确。

（2）身体和手臂放松。

（3）身体和手臂保持稳定。

（4）脚移动范围应在两米之内，否则算失误。

（5）开始时对球从地板上弹起的高度不做限制。随着运动员对球性的逐渐熟悉，可要求运动员将球从地板上弹起的高度控制在一个相对稳定的范围内。

（6）随着运动员对球性的逐渐熟悉，可要求运动员将球从地板上弹起的高度控制在相对稳定的范围内，并每击10次球变化一个高度。

（7）开始时对运动员不执拍手抛球的高度不做限制。随着运动员对球性的逐渐熟悉，可要求运动员将球抛起的高度控制在一个相对稳定的范围内。

（8）随着运动员对球性的逐渐熟悉，可要求运动员将球抛起的高度控制在相对稳定的范围内，并每击两次球变化一个高度。

（二）拍球走

目的：熟悉球性。

方法：运动员两脚前后开立，与肩同宽，用执拍手按要求握好球拍，不执拍手自然伸直，球自然地置于不执拍手的手掌上，手掌张开，保持静止。运动员用手将球几乎垂直地向上抛起，不得使球旋转，并使球在离开不执拍手的手掌之后上升高度不低于16厘米。运动员以肘关节为轴，前臂上下运动，将球用球拍拍向地板，尽量让球在球拍和地板间上下跳动，待球稳定后开始缓缓地向前行走，身体保持稳定。比一比哪位运动员拍球次数最多，拍球最稳定。

要求：

（1）握拍方法要正确。

（2）身体和手臂放松。

（3）身体和手臂保持稳定。

（4）尽量走直线。

（5）开始时对球从地板上弹起的高度不做限制。随着运动员对球性的逐渐熟悉，可要求运动员将球从地板上弹起的高度控制在一个相对稳定的范围内。

（6）随着运动员对球性的逐渐熟悉，可要求运动员将球从地板上弹起的高度控制在相对稳定的范围内，并每击10次球变化一个高度。

（7）开始时对运动员不执拍手抛球的高度不做限制。随着运动员对球性的逐渐熟悉，可要求运动员将球抛起的高度控制在一个相对稳定的范围内。

（8）随着运动员对球性的逐渐熟悉，可要求运动员将球抛起的高度控制在相对稳定的范围内，并每击两次球变化一个高度。

相关练习方法：

拍球直线走：运动员拍球按照地上的白线向前行走。

拍球转体：运动员拍球向左、向右、向后转体。

拍球绕台行走：运动员拍球绕球台行走，教练员可根据运动员的情况随时喊"向后转"。当听到动令后，运动员立即转身继续行走。

拍球按要求行走：运动员拍球按照地上所标出的路线图行走，路线图可以是各种几何图形。

（三）拍球碎步疾跑

目的：熟悉球性。

待运动员拍球走的练习熟练后，可将走换成跑。

（四）拍球迎面接力

目的：熟悉球性。

方法：运动员两脚前后开立，与肩同宽，用执拍手按要求握好球拍，不执拍手自然伸直，球自然地置于不执拍手的手掌上，手掌张开，保持静止。运动员用手将球几乎垂直地向上抛起，不得使球旋转，并使球在离开不执拍手的手掌之后上升不低于16厘米。运动员以肘关节为轴，前臂上下运动，将球用球拍拍向地板，尽量让球在球拍和地板间上下跳动，当听到"预备——跑"的动令后，运动员以最快的速度向对面的本方运动员跑去。在比赛中，运动员尽量让球停留在球拍上，身体保持稳定。如果球在半路落地，捡起球后要回到球落地的位置继续向前跑。到达对面后将球用手递给下一位运动员，不可抛球、传球。比一比谁最快到达终点。

要求：

（1）握拍方法要正确。

（2）身体和手臂放松。

（3）身体和手臂保持稳定。

（4）球落地捡回球后，没有从球落地点出发则取消该队比赛资格。

（5）两名运动员衔接时传球、抛球的队取消比赛资格。

相关练习方法：

拍球绕台接力：运动员拍球，当听到"预备——跑"的动令后，以最快的速度绕球台跑，每人跑两圈，超过球台边线、端线半米或撞球台则取消该队的比赛资格。

拍球迎面按要求接力：运动员拍球当听到"预备——跑"的动令后，以最快的速度按照地上所标出的路线图向对面的本方运动员跑。路线图可以是各种几何图形的组合，走出线路图或走错路线算失误。

（五）拍球躲人

目的：熟悉球性。

方法：运动员两脚前后开立，与肩同宽，用执拍手按要求握好球拍，不执拍手自然伸直，球自然地置于不执拍手的手掌上，手掌张开，保持静止。运动员用手将球几乎垂直地向上抛起，不得使球旋转，并使球在离开不执拍手的手掌之后上升不低于 16 厘米。运动员以肘关节为轴，前臂上下运动，将球用球拍拍向地板，尽量让球在球拍和地板间上下跳动，当听到"预备——跑"的动令后，在规定的区域内、跑动。跑动中运动员不能撞上其他人，并应该尽量让球停留在球拍上，身体保持稳定。如果球在半路落地，捡球后要回到球落地的位置，撞上其他人的运动员马上离开比赛场地。看一看最终哪位运动员能够留在比赛场地。

要求：

（1）握拍方法要正确。

（2）身体和手臂放松。

（3）身体和手臂保持稳定。

（4）球 5 次落地者离开比赛场地。

（5）3 秒钟没有移动者离开比赛场地。

相关练习方法：

拍球抓人：运动员拍球，当听到"预备——跑"的动令后，抓人者尽快用手拍击其他人，一旦一名运动员被抓人者用手拍到，则马上变成抓人者，其他人在规定的区域内跑动。

六、对墙击球

（一）对墙原地击球

目的：熟悉球性。

方法：运动员两脚开立，与肩同宽，用执拍手按要求握好球拍，不执拍手自然伸直，球自然地置于不执拍手的手掌上，手掌张开，保持静止。运动员用手将球几乎垂直地向上抛起，不得使球旋转，并使球在离开不执拍手的手掌之后上升不低于16厘米。运动员以肘关节为轴，上臂带动前臂向前上方运动，用球拍将球击打到墙壁上，尽量让球在球拍和墙壁间来回跳动，身体保持稳定。比一比哪位运动员击球次数最多、击球最稳定。

要求：

（1）握拍方法要正确。

（2）身体和手臂放松。

（3）身体和手臂保持稳定。

（4）脚移动范围应在两米之内，否则算失误。

（5）开始时对身体离墙壁的距离不做限制。随着运动员对球性的逐渐熟悉，可要求运动员将与墙的距离控制在一个相对稳定的范围内。

（6）开始时对运动员不执拍手抛球的高度不做限制。随着运动员对球性的逐渐熟悉，可要求运动员将球抛起的高度控制在一个相对稳定的范围内。

（7）随着运动员对球性的逐渐熟悉，可要求运动员将球抛起的高度控制在相对稳定的范围内，并每击两次球变化一个高度。

（8）开始时不要求运动员站在原地击球，可随着球左右跑动。随着运动员对球性的熟悉，可逐渐要求他们脚不能移动，如果脚移动算失误。

（9）开始时可不要求运动员将球击打到一个固定的区域。随着运动员对球性的熟悉，教练员可在墙上画好区域，且区域的面积逐渐减小，以提高运动员的准确性。

相关练习方法：

对墙左右移动击球：运动员对墙击球，使墙反弹回来的球向左或向右偏斜，以便依靠脚步左右移动准确地击到下一板球。

对墙前后移动击球：运动员对墙击球，使墙反弹回来的球向前或向后偏斜，以便依靠脚步前后移动准确地击到下一板球。

对墙移动击球：运动员对墙击球，使墙反弹回来的球向左、向右、向前、向后偏斜，以便依靠脚步前、后、左、右移动准确地击到下一板球。

（二）对墙原地击落地球

目的：熟悉球性。

方法：运动员两脚开立，与肩同宽，用执拍手按要求握好球拍，不执拍手自然伸直，球自然地置于不执拍手的手掌上，手掌张开，保持静止。运动员用手将球几乎垂直地向上抛起，不得使球旋转，并使球在离开不执拍手的手掌之后上升高度不低于16厘米。运动员以肘关节为轴，上臂带动前臂向前上方运动，用球拍将球击打到墙壁上，等球从地面反弹回来后再击球，尽量让球在球拍、墙壁和地面间来回跳动，身体保持稳定。比一比哪位运动员击球次数最多、击球最稳定。

要求：

（1）握拍方法要正确。

（2）身体和手臂放松。

（3）身体和手臂保持稳定。

（4）脚移动范围应在两米之内，否则算失误。

（5）开始时对身体离墙壁的距离不做限制。随着运动员对球性的逐渐熟悉，可要求运动员将与墙的距离控制在一个相对稳定的范围内。

（6）开始时对运动员不执拍手抛球的高度不做限制。随着运动员对球性的逐渐熟悉，可要求运动员将球抛起的高度控制在一个相对稳定的范围内。

（7）随着运动员对球性的逐渐熟悉，可要求运动员将球抛起的高度控制在相对稳定的范围内，并每击两次球变化一个高度。

（8）开始时不要求运动员站在原地击球，可随着球左右跑动。随着运动员对球性的熟悉，可逐渐要求他们脚不能移动，如果发生移动算失误。

（9）开始时可不要求运动员将球击打到一个或多个固定的区域内。随着运动员对球性的熟悉，教练员可在墙上画好区域，且区域的面积逐渐减小，以提高运动员的准确性。

相关练习方法：

对墙左右移动击落地球：运动员对墙击球，使经过墙、地面反弹回来的球向左或向右偏斜，以便依靠脚步左右移动准确地击到下一板球。

对墙前后移动击落地球：运动员对墙击球，使经过墙、地面反弹回来的球向前或向后偏斜，以便依靠脚步前后移动准确地击到下一板球。

对墙移动击落地球：运动员对墙击球，使经过墙、地面反弹回来的球向左、向右、向前、向后偏斜，以便依靠脚步前、后、左、右移动准确地击到下一板球。

（三）对墙原地击落台球

目的：熟悉球性。

方法：运动员两脚开立，与肩同宽，用执拍手按要求握好球拍，不执拍手自然伸直，球自然地置于不执拍手的手掌上，手掌张开，保持静止。运动员用手将球几乎垂直地向上抛起，不得使球旋转，并使球在离开不执拍手的手掌之后上升高度不低于16厘米。运动员以肘关节为轴，上臂带动前臂向前上方运动，用球拍将球击打到墙壁上，等球从台面反弹回来后再击球，尽量让球在球拍、墙壁和台面间来回跳动，身体保持稳定。比一比哪位运动员击球次数最多、击球最稳定。

要求：

（1）握拍方法要正确。

（2）身体和手臂放松。

（3）身体和手臂保持稳定。

（4）脚移动范围应在两米之内，否则算失误。

（5）开始时对身体离墙壁的距离不做限制。随着运动员对球性的逐渐熟悉，可要求运动员将与墙的距离控制在一个相对稳定的范围内。

（6）开始时对运动员不执拍手抛球的高度不做限制。随着运动员对球性的逐渐熟悉，可要求运动员将球抛起的高度控制在一个相对稳定的范围内。

（7）随着运动员对球性的逐渐熟悉，可要求运动员将球抛起的高度控制在相对稳定的范围内，并每击两次球变化一个高度。

（8）开始时不要求运动员站在原地击球，可随着球左右跑动。随着运动员对球性的熟悉，可逐渐要求他们脚不能移动，如果发生移动算失误。

（9）开始时可不要求运动员将球击打到一个或多个固定的区域内。随着运动员对球性的熟悉，教练员可在墙上画好区域，且区域的面积逐渐减小，以提高运动员的准确性。

相关练习方法：

对墙左右移动击落台球：运动员对墙击球，使经过墙、球台反弹回来的球向左或向右偏斜，以便依靠脚步左右移动准确地击到下一板球。

对墙前后移动击落台球：运动员对墙击球，使经过墙、球台反弹回来的球向前或向后偏斜，以便依靠脚步前后移动准确地击到下一板球。

对墙移动击落台球：运动员对墙击球，使经过墙、球台反弹回来的球向左、向右、向前、向后偏斜，以便依靠脚步前、后、左、右移动准确地击到下一板球。

七、上台击球

（一）上台原地击自抛的一板球

目的：熟悉球性。

方法：运动员两脚开立，与肩同宽，用执拍手按要求握好球拍，不执拍手自然伸直，球自然地置于不执拍手的手掌上，手掌张开，保持静止。运动员用手将球几乎垂直地向上抛起，不得使球旋转，并使球在离开不执拍手的手掌之后上升不低于16厘米。运动员以肘关节为轴，上臂带动前臂向前上方运动，用球拍将球击打过网，并使球落到对方台面上，身体保持稳定。比一比哪位运动员击球次数最多、击球最稳定。

要求：

（1）握拍方法要正确。

（2）身体和手臂放松。

（3）身体和手臂保持稳定。

（4）开始时对击出球的弧线高度不做限制。随着运动员对球性的逐渐熟悉，可要求运动员将击球弧线的高度控制在一个相对稳定的范围内。

（5）随着运动员对球性的逐渐熟悉，可要求运动员将击球弧线控制在相对稳定的范围内，并每击5次球变化一个高度。

（6）开始时对运动员不执拍手抛球的高度不做限制。随着运动员对球性的逐渐熟悉，可要求运动员将球抛起的高度控制在一个相对稳定的范围内。

（7）随着运动员对球性的逐渐熟悉，可要求运动员将球抛起的高度控制在相对稳定的范围内，并每击两次球变化一个高度。

（8）开始时不要求运动员站在原地击球，可随着球左右跑动。随着运动员对球性的熟悉，可逐渐要求他们脚不能移动，如果发生移动算失误。

（9）开始时可不要求运动员将球击打到一个固定的区域内。随着运动员对球性的熟悉，教练员可在对面球台上画好区域，且区域的面积逐渐减小，以提高运动员的准确性。

（二）上台原地自抛自打

目的：熟悉球性。

方法：运动员两脚开立，与肩同宽，用执拍手按要求握好球拍，不执拍手自然伸直，球自然地置于不执拍手的手掌上，手掌张开，保持静止。运动员用手将球几乎垂直地向上抛起，不得使球旋转，并使球在离开不执拍手的手掌之后上升高度不低于16厘米。等球落到台面反弹后，运动员以肘关节为轴，上臂带动前臂向前上方运动，用球拍将球击打过网，并使球落到对方台面上，身体保持稳定。比一比哪位运动员击球次数最多、击球最稳定。

要求：

（1）握拍方法要正确。

（2）身体和手臂放松。

（3）身体和手臂保持稳定。

（4）开始时对击出球的弧线高度不做限制。随着运动员对球性的逐渐熟悉，可要求运动员将击球弧线的高度控制在一个相对稳定的范围内。

（5）随着运动员对球性的逐渐熟悉，可要求运动员将击球弧线控制在相对稳定的高度，并每击5次球变化一个高度。

（6）开始时对运动员不执拍手抛球的高度不做限制。随着运动员对球性的逐渐熟悉，可要求运动员将球抛起的高度控制在一个相对稳定的范围内。

（7）随着运动员对球性的逐渐熟悉，可要求运动员将球抛起的高度控制在相对稳定的范围内，并每击两次球变化一个高度。

（8）开始时不要求运动员站在原地击球，可随着球左右跑动。随着运动员对球性的熟悉，可逐渐要求他们脚不能移动，如果发生移动算失误。

（9）开始时可不要求运动员将球击打到一个或多个固定的区域内。随着运动员对球性的熟悉，教练员可在对面球台上画好区域，且区域的面积逐渐减小，以提高运动员的准确性。

相关练习方法：

上台左右移动自抛自打：运动员抛球后，使球落到台面反弹后向左或向右偏斜，以便依靠脚步左右移动准确地击到下一板球。

上台前后移动自抛自打：运动员抛球后，使球落到台面反弹后向前或向后偏斜，以便依靠脚步前后移动准确地击到下一板球。

上台移动自抛自打：运动员抛球后，使球落到台面反弹后向左、向右、向前或向后偏斜，以便依靠脚步前、后、左、右移动准确地击到下一板球。

（三）上台原地打一板球

目的：熟悉球性。

方法：运动员两脚开立，与肩同宽，用执拍手按要求握好球拍，教练员站在对面用多球供球。运动员等球落到台面反弹后，以肘关节为轴，上臂带动前臂向前上方运动，用球拍将球击打过网，并使球落到对方台面上，身体保持稳定。比一比哪位运动员击球次数最多、击球最稳定。

要求：

（1）握拍方法要正确。

（2）身体和手臂放松。

（3）身体和手臂保持稳定。

（4）开始时对击出球的弧线高度不做限制。随着运动员对球性的逐渐熟悉，可要求运动员将击球弧线的高度控制在一个相对稳定的范围内。

（5）随着运动员对球性的逐渐熟悉，可要求运动员将击球弧线控制在相对稳定的高度，并每击 5 次球变化一个高度。

（6）开始时可不要求运动员将球击打到一个或多个固定的区域内。随着运动员对球性的熟悉，教练员可在对面球台上画好区域，且区域的面积逐渐减小，以提高运动员的准确性。

相关练习方法：

上台左右移动打一板球：教练员供球，使球落到台面反弹后向左或向右偏斜，以便运动员依靠脚步左右移动准确地击到下一板球。

上台前后移动打一板球：教练员供球，使球落到台面反弹后向前或向后偏斜，以便运动员依靠脚步前后移动准确地击到下一板球。

上台移动打一板球：教练员供球，使球落到台面反弹后向左、向右、向前或向后偏斜，以便运动员依靠脚步前后左右移动准确地击到下一板球。

（四）上台原地击球

目的：熟悉球性。

方法：运动员两脚开立，与肩同宽，用执拍手按要求握好球拍，不执拍手自然伸直，球自然地置于不执拍手的手掌上，手掌张开，保持静止。运动员用手将球几乎垂直地向上抛起，不得使球旋转，并使球在离开不执拍手的手掌之后上升不低于

16 厘米。运动员等球落到台面反弹后，以肘关节为轴，上臂带动前臂向前上方运动，用球拍将球击打过网，并使球落到对方台面上。对方运动员等球落台后，用相同的动作将球打回来。双方运动员尽量让球在运动员之间来回跳动，直到球失误为止。双方运动员在击球过程中身体保持稳定。比一比哪组运动员击球次数最多、击球最稳定。

要求：

（1）握拍方法要正确。

（2）身体和手臂放松。

（3）身体和手臂保持稳定。

（4）开始时对击出球的弧线高度不做限制。随着运动员对球性的逐渐熟悉，可要求运动员将击球弧线的高度控制在一个相对稳定的范围内。

相关练习方法：

上台左右移动击球：一方或双方运动员击球，使球落到对方台面反弹后向左或向右偏斜，以便对方运动员依靠脚步左右移动准确地击到下一板球。

上台前后移动击球：一方或双方运动员击球，使球落到对方台面反弹后向前或向后偏斜，以便对方运动员依靠脚步前后移动准确地击到下一板球。

上台移动击球：一方或双方运动员击球，使球落到对方台面反弹后向左或向右偏斜，以便对方运动员依靠脚步左右移动准确地击到下一板球。

（五）击球绕台接力

目的：熟悉球性。

方法：运动员两脚开立，与肩同宽，用执拍手按要求握好球拍，不执拍手自然伸直，球自然地置于不执拍手的手掌上，手掌张开，保持静止。运动员用手将球几乎垂直地向上抛起，不得使球旋转，并使球在离开不执拍手的手掌之后上升高度不低于 16 厘米。等球落到台面反弹后，运动员以肘关节为轴，上臂带动前臂向前上方运动，用球拍将球击打过网，同时跑到对面球台。对面的运动员等球落台反弹后，用同样的动作将球击回。每队 4~5 名运动员，每名运动员击球后就跑到对面球台，等待击球。哪名运动员击球失误即被淘汰。当一张球台上有两名运动员时，运动员改成击球比赛，击球后不再跑到对面球台。比一比哪队运动员获得的冠军最多。

要求：

（1）握拍方法要正确。

（2）身体和手臂放松。

（3）身体和手臂保持稳定。

（4）故意用力击球者淘汰。

（5）故意冲撞他人者淘汰。

第四章　步　法

步法是乒乓球运动的重要组成部分，是保证运动员每次击球质量的基础。有人把步法比喻成"乒乓球运动员的灵魂"或"步法是乒乓球运动员的生命"。因为每次击球前，运动员均需通过步法移动，获得最佳击球位置，确保有效地加快击球速度、增大击球力量、增强球的旋转，以及通过合理的落点有效地调动对方等。我国著名运动员庄则栋曾说：每一个击球动作之起始、力量的来源，无不来之于脚和腿，步法是运动的基础。

乒乓球运动员要想攀登世界乒坛高峰就必须重视步法的训练，重视步法和手法的结合，否则运动员达到一定水平之后就会止步不前。

第一节　基本步法

一、单　步

（一）特　点

（1）移动范围小，动作简单。

（2）一般在球离身体较近时使用。

（二）动作要领

（1）以一脚为轴（身体重心放在中轴脚上）。

（2）另一脚向前、后、左、右移动一步。

（3）身体重心移动到移动脚上。

（4）挥拍击球。（图4-1）

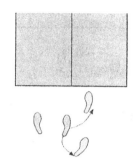

图 4 - 1　基本步法动作要领

二、并　步

（一）特　点

（1）移动范围大于单步。

（2）重心平稳。

（3）是两面攻选手和弧圈类打法的运动员在小范围内左右移动时常常使用的步法。

（二）动作要领

（1）向左移动时，右脚先向左脚靠近。

（2）左脚随即跟着也向左移动一步。

（3）移动时，保持身体重心平稳。

（4）挥拍击球。（图 4 - 2）

图 4 - 2　并步的动作要领

三、跳　步

（一）特　点

（1）移动范围大于单步和并步。

（2）是弧圈型打法的运动员在左右移动时常用的步法，同时也是其他类型打法运动员侧身时常用的步法。

（3）在移动时有腾空动作，在使用时要注意保持重心稳定和维持身体平衡。

（二）动作要领

（1）移动时，与移动方向异侧的脚内侧用力蹬地。

（2）两脚同时离开地面，向前、后、左、右移动。

（3）蹬地脚先落地。

（4）挥拍击球。（图4-3）

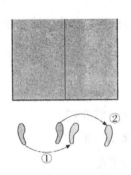

图4-3　跳步的动作要领

四、跨　步

（一）特　点

（1）移动范围较单步大。

（2）主要用于球速快、角度大的正手位的来球，特别是快攻运动员正手打回头时常常使用。

（3）因为跨步由于侧向迈步较大，且后脚跟上不移动，所以会导致身体重心下降，使用后应注意及时还原。

（二）动作要领

以右手执拍为例，向正手位移动时：

（1）左脚用力蹬地，右脚向右侧迈一大步。

（2）身体重心随势跟着向右移动。

（3）挥拍击球，紧急状况时可在右脚落地的同时击球。（图4－4）

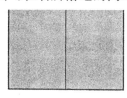

图4－4　跨步的动作要领

五、交叉步

（一）特　点

（1）移动范围大，当球远离身体时使用。

（2）适用于主动发力进攻，常在运动员侧身进攻后，对方回球正手位角度大且速度快时使用。

（3）动作过程要求全身协调配合，且移动过程中身体重心保持稳定。

（二）动作要领

（1）与移动方向相反的脚先蹬地，并向移动方向迈一大步，超过移动方向同侧的脚，在身前形成交叉。落地时应使脚尖的方向对着球台，在落地的同时挥拍击球。

（2）移动方向同侧的脚迅速跟上，解除交叉。（图4－5）

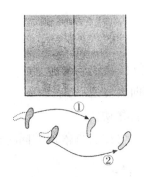

图 4 -5　交叉步的动作要领

六、小碎步

　　频率较高的原地小垫步或小范围的小跑步统称小碎步，可用于原地的重心调整、击球后的还原、小范围的移动、大范围步法移动前的预动及不同步法之间的衔接等。总之，小碎步是非常有用的步法，步法好的运动员均善于使用小碎步。

第二节　步法的有效运用

一、接近网短球（以右手执拍为例）

　　（1）回击右方短球：当对方回球为右方近网短球时，如果站位较近，则以左脚蹬地，右脚向右前方迈出一步；如果站位较远，可用跨步或先用小垫步调整，再做单步移动，完成技术动作。同时，右脚的前脚掌点地回到基本站位。（图 4 -6）

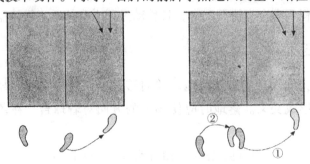

图 4 -6　回击右方短球的步法

　　（2）回击中路短球：当对方回球为中路近网短球时，如果站位较近，则以右脚蹬地，左脚向右前方迈出一步；如果站位较远，可用跨步或先用小垫步调整，

再做单步移动用正（反）手挥拍击球。同时，左脚的前脚掌点地回到基本站位。（图4-7）

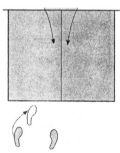

图4-7 回击中路短球的步法

（3）回击左方短球：当对方回球为左方近网短球时，如果站位较近，则以右脚蹬地，左脚向右前方迈出一步；如果站位较远，可用跨步或先用小垫步调整，再做单步移动，用搓（拧拉）技术完成击球。同时，左脚的前脚掌点地回到基本站位。（图4-8）

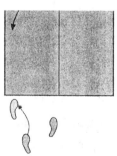

图4-8 回击左方短球的步法

二、侧身进攻（以右手执拍为例）

（1）追身球，单步侧身：当来球落到身体中间偏右的位置时，左脚蹬地，右脚向后迈一步，同时转腰侧身，用正手挥拍击球。反手强势的运动员可以选择右脚向右侧迈一步。侧身进攻的特点是速度较快，移动范围较小。（图4-9）

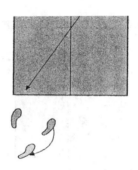

图4-9　追身球，单步侧身

（2）反手位球，并步侧身：当来球为短或中等距离的反手位球时，本方运动员右脚蹬地，左脚向左前方跨一步；腰部发力向右转腰侧身，右脚向左后方移动；重心移至右脚，用正手挥拍击球。（图4-10）

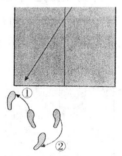

图4-10　反手位球，并步侧身

（3）反手位球，跳步侧身：当来球在反手位时，本方运动员右脚蹬地，两脚同时离地，腰部发力向右转腰侧身，重心放在右脚上，用正手挥拍击球。这种侧身方式不仅有利于提高运动员正手扣杀和弧圈球的质量，还有利于运动员迅速还原，是目前横拍进攻型运动员最常使用的步法。（图4-11）

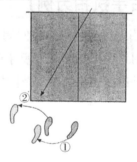

图4-11　反手位球，跳步侧身

（4）反手位球，后交叉步侧身：当来球为反手位球时，右脚先向左脚的后左方

跨一大步,左脚再向前跨一步。注意在移动时,运动员应根据来球的情况做适当的调整。(图4-12)

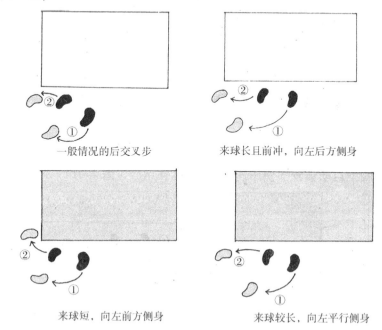

一般情况的后交叉步　　　　　来球长且前冲,向左后方侧身

来球短,向左前方侧身　　　　　来球较长,向左平行侧身

图4-12　反手位球,后交叉步侧身

三、左右移动(以右手执拍为例)

(一)从左向右移动

当对方采取压左调右的战术时,本方可采用单步(角度不太大)、跨步(角度较大)、并步(角度适中)、跳步(角度较大)、交叉步(正手大角度)。

(二)从右向左移动

依据对方向反手变线角度的大小和本方的打法类型,本方可选择单号、跨步、并步、跳步和交叉步5种步法进行移动。如果本方反手实力较差,在条件允许时尽量使用正手回击。

(三)左右移动的结合步法

(1)快攻型运动员较多使用跨步结合跳步左右移动。(图4-13)

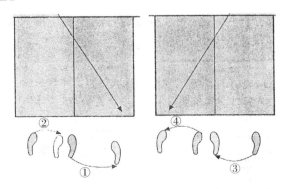

图4-13 跨步结合跳步左右移动

(2) 弧圈型运动员较多使用连续跳步左右移动。(图4-14)

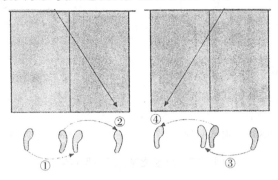

图4-14 连续跳步左右移动

(3) 交叉步向右移动后,常以小垫步或小跳步调整身体重心,再用单步或跳步移动击球。(图4-15)

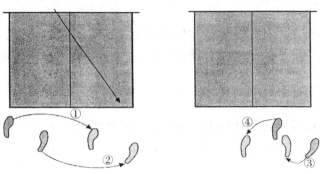

图4-15 小垫步或小跳步调整身体重心,单步或跳步移动

(4) 用单步向右前方上步后,再以跳步向左后方移动击球。(图4-16)

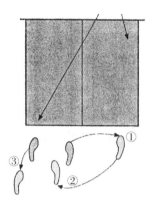

图 4－16 单步上步，跳步移动

第三节   步法的练习

一、影响步法移动的主要因素

（一）判 断

（1）盯球：对方击球时，密切注意对方拍触球动作。

（2）判断：整合对方回球时的信息，对对方回球的落点、性质、质量等进行综合判断。

（二）移 动

运动员根据判断，快速准确地移动到位，重点有如下几点。

（1）重心稳定：在移动中保持身体重心平稳，避免身体上下起伏过大、移动时重心跟不上等情况发生。

（2）全身协调配合：全身各关节部位按照一定的顺序发力，并使对抗肌群及时放松，避免僵硬、移动的位置不准确、出手不果断等问题出现。

（3）基本姿势：比赛中运动员的基本姿势也在一定程度上影响着移动的速度，做基本姿势时身体重心过高、过低都不利于移动。

（4）脚蹬地的力量：脚蹬地的力量是运动员能够进行步法移动的基础条件。

（三）还 原

（1）前一板球的结束是下一板球的开始，运动员需养成根据自身打法特点合理运用步法并在每板球击完球后用小碎步调整重心的好习惯。

（2）只要球未成死球就必须保持高度的注意力，积极为下一板球做准备。

（3）及时合理地还原站位和身体重心稳定是做好每板球之间衔接工作的重点。

二、步法练习方法

（一）模仿练习

目的：提高运动员身体的灵活性，使运动员较好地掌握基本步法。

方法：运动员做好准备姿势，模仿教练员的动作进行步法练习。教练员站在运动员能很好地观察到的位置上带领运动员一起做动作，以便运动员能更好地模仿，更快地掌握动作要领。

要求：

（1）在移动过程中，运动员应始终保持良好的准备姿势。

（2）在移动过程中，运动员应始终注意身体重心是否在正确的位置上。

（3）运动员应集中注意力，观察教练员的动作，特别是动作的细节。

（4）运动员应注意蹬地动作，蹬地力量要大且移动快。

（5）运动员应注意重心交换和腰的灵活性。

（6）运动员应注意在移动的过程中始终保持身体稳定。

（7）教练员应注意示范的面和方法。

（8）教练员要及时纠正运动员的错误动作。

（二）看手势或听口令练习

目的：提高运动员身体的灵活性，使运动员较好地掌握基本步法。

方法：运动员做好准备姿势，教练员用手势或口令指挥运动员的移动方向，运动员以最快的速度做出反应，按照教练员的要求练习各种步法。步法熟练后，教练员可以根据运动员的打法风格，与各种技术动作相连接，对运动员进行训练。

要求：

（1）在移动过程中，运动员应始终保持良好的准备姿势。

（2）在移动过程中，运动员应注意动作要领。

（3）运动员应注意力集中，在教练员发出手势或口令后，迅速做出正确的反应。

（4）运动员应注意在移动的过程中始终保持身体稳定，身体重心不能上下起伏太大。

（5）与基本技术动作衔接时，运动员应注意动作的正确性，并迅速还原。

（6）教练员应注意手势或口令的清晰和准确。

（7）教练员要及时纠正运动员的错误动作。

相关练习方法：

（1）模拟单打：运动员两人一组，模拟比赛的场景。要求本方运动员根据对方运动员的动作，准确地做出判断和动作，以提高对各种步法的应用能力和判断能力。

（2）模拟双打：运动员 4 人一组，模拟比赛的场景。要求本方运动员根据对方运动员的动作，准确地做出判断和动作，以提高对各种步法的应用能力和判断能力。在练习时应遵守双打的比赛规则。

（三）托球练习

目的：提高运动员身体的灵活性，使运动员较好地掌握基本步法。

方法：运动员用球拍做托球练习，同时练习各种步法。熟练后教练员可用口令指挥运动员的移动方向。

要求：

（1）在移动过程中，运动员应始终保持良好的准备姿势。

（2）在移动过程中，运动员应始终保持托球的状态。

（3）运动员应集中注意力，在教练员发出口令后迅速做出正确的反应。

（4）运动员应注意在移动的过程中始终保持身体稳定，身体重心不能上下起伏太大。

（5）教练员要及时纠正运动员的错误动作。

相关练习方法：

（1）颠球练习：运动员用球拍做颠球练习，同时练习各种步法。熟练后教练员可用口令指挥运动员的移动方向。

（2）拍球练习：运动员用球拍做拍球练习，同时练习各种步法。熟练后教练员可用口令指挥运动员的移动方向。

（四）对墙击球练习

目的：提高运动员身体的灵活性，使运动员较好地掌握基本步法。

方法：运动员对墙击球，同时依据落点的变化进行各种步法的练习。熟练后教练员可用口令指挥运动员的移动方向。

要求：

（1）运动员应始终保持良好的准备姿势。

（2）运动员应根据情况选择正确的步法，并迅速移动到位。

（3）运动员应集中注意力，在教练员发出口令后迅速做出正确的反应。

（4）运动员应注意在移动的过程中始终保持身体稳定，身体重心不能上下起伏太大。

（5）教练员要及时纠正运动员的错误动作。

相关练习方法：

（1）对墙击落地球：运动员对墙击落地球，同时依据落点的变化进行各种步法练习。熟练后教练员可用口令指挥运动员的移动方向。

（2）对墙击落台球：运动员对墙击落台球，同时依据落点的变化进行各种步法练习。熟练后教练员可用口令指挥运动员的移动方向。

（五）上台练习

目的：提高运动员身体的灵活性，使运动员较好地掌握基本步法。

方法：教练员站在运动员对面用多球供球，运动员依据来球落点的变化运用各种步法移动击球。

要求：

（1）运动员应始终保持良好的准备姿势。

（2）运动员应根据情况选择正确的步法，并迅速移动到位。

（3）运动员应注意在移动的过程中始终保持身体稳定，身体重心不能上下起伏太大，并注意全身的协调配合。

（4）运动员应注意观察教练员击球瞬间的击球动作，并准确地做出判断，迅速移动到位。

（5）教练员应根据运动员的实际情况由易到难地进行训练。速度逐渐加快；力量逐渐加大；旋转逐渐加强，并增加变化；落点范围逐渐扩大，并从有序练习过渡到无序练习。

（6）教练员要及时纠正运动员的错误动作。

相关练习方法：

（1）单打练习：运动员两人一组，依据教练员的要求，结合各种技术练习步法。练习应该由易到难：速度逐渐加快；力量逐渐加大；旋转逐渐加强，并增加变化；落点范围逐渐扩大，并从有序练习过渡到无序练习。

（2）3人练习：运动员3人一组，一边单打、一边双打，依据教练员的要求，结合各种技术练习步法。这种练习可以增大双打的练习难度。练习应该由易到难：速度逐渐加快；力量逐渐加大；旋转逐渐加强，并增加变化；落点范围逐渐扩大，并从有序练习过渡到无序练习。

（3）双打练习：运动员4人一组，依据教练员的要求，结合各种技术练习步法。练习应遵守各种双打的特殊规则。练习应该由易到难：速度逐渐加快；力量逐渐加大；旋转逐渐加强，并增加变化；落点范围逐渐扩大，并从有序练习过渡到无序练习。

第五章　基本技术

第一节　正手快攻

一、基本练习

作用：正手快攻是一项常用技术。如果运动员快攻技术掌握得好，比赛中不仅可以为扣杀创造机会，还可以结合落点的变化直接得分。

特点：站位近、动作小、球速快、有一定的力量、攻击性较强等。

动作要领（以右手执拍为例）：

（1）准备姿势：判断来球，选好站位，站位应在近台。（图5-1、图5-2）

图5-1　正手攻球准备姿势侧面图　　　　图5-2　正手攻球准备姿势正面图

（2）引拍：转腰带动手臂向后引拍，身体重心放在右脚上。上臂与前臂的夹角约为90度。拍形与台面垂直或稍前倾。（图5-3、图5-4）

图5-3　正手攻球引拍侧面图　　　　图5-4　正手攻球引拍正面图

（3）拍触球：右脚蹬地，向左转腰，重心从右脚转移到左脚；上臂带动前臂向前上方挥拍，球拍垂直；在身体前球的高点期或上升期击球中上部，以撞击为主、摩擦为辅；拍触球时前臂旋内、屈，手腕相对固定。（图5-5、图5-6）

图5-5 正手攻球拍触球侧面图

图5-6 正手攻球拍触球正面图

（4）顺势挥拍：击球后顺势挥拍，重心过渡到左脚，球拍挥至头部左侧。（图5-7、图5-8）

图5-7 正手攻球顺势挥拍侧面图

图5-8 正手攻球顺势挥拍正面图

（5）还原：小碎步调整重心，迅速还原成准备姿势。（图5-9、图5-10）

图5-9 正手攻球还原侧面图

图5-10 正手攻球还原正面图

二、把手练习

目的：在外力的帮助下体会身体各部位的协调配合，在无球的情况下初步掌握正手攻球动作，为更好地掌握有球情况下正手攻球动作打好基础。

　　方法：运动员用执拍手握好球拍，按准备姿势的要求站好。运动员可排成几排，成体操队形散开，也可在球台边站好，由教练员手把手进行正手攻球动作的训练。此时教练员的动作是主动的，运动员的动作是被动的。

　　要求：

　　（1）运动员应集中注意力，注意在教练员的带领下被动地体会正手攻球动作，特别是动作细节。

　　（2）运动员应注意重心交换和腰、手臂等大关节的动作。

　　（3）教练员应要求运动员心中有球，明白应在什么时候击球、击球的什么部位以及手臂的发力方向。

　　（4）教练员要根据运动员的身高手把手进行正手攻球动作的训练，切不可不顾运动员的体位盲目地进行正手攻球动作训练。

三、徒手练习

　　目的：体会身体各部位的协调配合，在无球的情况下初步掌握正手攻球动作，为更好地掌握有球情况下正手攻球动作打好基础。

　　方法：运动员用执拍手握好球拍，按准备姿势的要求站好。运动员可排成几排，成体操队形散开，也可在球台边站好，在教练员的口令下，有节奏地进行正手攻球动作的练习。开始时，教练员应在运动员能很好地观察到的位置上带领运动员一起练习，以便运动员能更好地模仿、更快地掌握正手攻球动作要领。

　　要求：

　　（1）运动员应集中注意力，观察教练员的动作，特别是动作细节。

　　（2）运动员应注意重心交换和腰、手臂等大关节的动作。

　　（3）教练员应注意示范的面和方法。

　　（4）首先教练员应要求运动员正手攻球动作的外形正确，其次要求运动员心中有球，明白应在什么时候击球、击球的什么部位以及手臂的发力方向。

　　（5）教练员要及时纠正运动员的错误动作。

四、对墙击球

　　目的：体会有球时的正手攻球动作细节，为更好地掌握正手攻球动作打好基础。

　　方法：运动员用执拍手握好球拍，按准备姿势的要求面对墙壁站好。不执拍手自然伸直，球自然地置于不执拍手的手掌上，手掌张开，保持静止。运动员用手将球几乎垂直地向上抛起，不得使球旋转，并使球在离开不执拍手的手掌之后上升高度不低于 16 厘米。运动员按正确的正手攻球动作将球击打到墙壁上，尽量让球在球拍和墙壁间来回跳动，身体保持稳定，并注意体会拍触球的动作。开始时，教练员应在运动员能很好地观察到的位置上带领运动员一起练习，以便运动员能更好地模仿，或用手把住运动员的执拍手，让运动员在被动地做动作的过程中体会肌肉用力的顺序和动作要领，以便运动员更快地掌握动作要领。

要求：

（1）运动员应注意力集中，注意球的位置。

（2）运动员应注意重心交换和腰、手臂等大关节的动作。

（3）运动员应注意拍触球时的动作细节。

（4）教练员应注意示范的面和方法。

（5）把手练习时教练员应要求运动员注意体会动作。

（6）开始练习时，可不要求运动员将球击打到一个固定的区域内。随着运动员对球性的熟悉，教练员可在墙上画好区域，且区域的面积逐渐减小，以提高运动员的准确性。

（7）教练员要及时纠正运动员的错误动作。

五、自抛自打

目的：体会球垂直弹起时的动作细节，为更好地掌握正手攻球动作打好基础。

方法：运动员用执拍手握好球拍，按准备姿势的要求面对球台站好。不执拍手自然伸直，球自然地置于不执拍手的手掌上，手掌张开，保持静止。运动员用手将球几乎垂直地向上抛起，不得使球旋转，并使球在离开不执拍手的手掌之后上升高度不低于 16 厘米。运动员按正确的正手攻球动作将球击打过网，并使球落到对方台面上，身体保持稳定，并注意体会拍触球的动作。开始时，教练员应在运动员能很好地观察到的位置上带领运动员一起练习，以便运动员能更好地模仿，或用手把住运动员的执拍手，让运动员在被动地做动作的过程中体会肌肉用力的顺序和动作要领，以便运动员更快地掌握正手攻球的动作要领。

要求：

（1）运动员应集中注意力，注意球的位置。

（2）运动员应注意重心交换和腰、手臂等大关节的动作。

（3）运动员应注意拍触球时的动作细节。

（4）教练员应注意示范的面和方法。

（5）把手练习时教练员应要求运动员注意体会动作。

（6）开始练习时可不要求运动员将球击打到一个固定的区域内。随着运动员对球性的熟悉，教练员可在台面上画好区域，且区域的面积逐渐减小，以提高运动员击球的准确性。

（7）随着运动员技术水平的提高，教练员可要求运动员变化回球的落点，将球击打到多个固定的区域。教练员可在台面上画好每个落点的区域，且区域的面积逐渐减小，以提高运动员击球的准确性。

（8）教练员要及时纠正运动员的错误动作。

六、多球练习

目的：体会正手攻球动作细节及身体各部位的协调配合，为更好地掌握正手攻球动作打好基础。

方法：运动员用执拍手握好球拍，按准备姿势的要求面对球台站好。教练员站在运动员对面用多球供球。等球从本方台面上反弹后，运动员按正确的正手攻球动作将球击打过网，使球落到对方台面上，身体保持稳定，并注意体会拍触球的动作。开始时，教练员应在运动员能很好地观察到的位置上带领运动员一起练习，以便运动员能更好地模仿，或用手把住运动员的执拍手，让运动员在被动地做动作的过程中体会肌肉用力的顺序和动作要领，以便运动员更快地掌握动作要领。供球的路线应先正手位，再侧身位；先斜线，再直线。供球的速度应先慢后逐渐加快。供球的节奏应先有规律然后再逐渐过渡到无规律，但始终保持运动员在原地击打固定线路的来球。该练习的关键是教练员供球时一定要尽量让自己击出的球在速度、力量、旋转、落点等方面与正式比赛的对手的击球质量一致，并随着运动员技术水平的提高，击球质量应高于较强对手的击球质量，以达到锻炼运动员、更快地提高运动员的技术水平的目的。

要求：

（1）运动员应注意力集中，注意球的位置。

（2）运动员应注意重心交换和腰、手臂等大关节的动作。

（3）运动员应注意拍触球时的动作细节。

（4）教练员应注意示范的面和方法。

（5）把手练习时教练员应要求运动员注意体会动作。

（6）开始供球时，教练员应适当降低自己供球的质量，并且落点稳定，应尽量减少运动员击球的难度。随着运动员动作的巩固可逐渐提高供球的质量，最后超过较强对手的击球质量。

（7）开始练习时，可不要求运动员将球击打到一个固定的区域内。随着运动员对球性的熟悉，教练员可在台面上画好区域，且区域的面积逐渐减小，以提高运动员的准确性。

（8）随着运动员技术水平的提高，教练员可要求运动员变化回球的落点，将球击打到多个固定的区域内。教练员可在台面上画好每个落点的区域，且区域的面积逐渐减小，以提高运动员击球的准确性。

（9）教练员要及时纠正运动员的错误动作。

第二节 反手快攻

一、基本练习

作用：反手快攻是横拍运动员反手对抗中的一项基本技术，它能有效地增强运动员的相持能力，使运动员在多板对抗中占据主动。

特点：站位近台、动作小、球速快、进攻性强。

动作要领（以右手为例）：

（1）准备姿势：判断来球，选好站位。（图5-11、图5-12）

图5-11 反手快攻准备姿势侧面图　　图5-12 反手快攻准备姿势正面图

（2）引拍：腰、髋向左转动，重心放在两脚之间或略偏左脚；前臂收起，引拍至腹部；拍形稍前倾，拍头与球台平行；球拍高度视来球的情况而定，一般应略低于球。（图5-13、图5-14）

图 5-13　反手快攻引拍侧面图

图 5-14　反手快攻引拍正面图

（3）拍触球：在腰和髋的配合下，手臂向前迎球；在最高点击球，撞击球的中上部；肘关节伸，略旋外，前臂向前上方挥出使球略带上旋；根据球轨迹的长短和高度，发力将球击出，击球时注意力的传递。（图 5-15、图 5-16）

图 5-15　反手快攻拍触球侧面图

图 5-16　反手快攻拍触球正面图

（4）顺势挥拍：短暂地向击球落点方向顺势挥动，球拍停止在身体的右前方。（图 5-17、图 5-18）

图 5-17　反手快攻顺势挥拍侧面图

图 5-18　反手快攻顺势挥拍正面图

（5）还原：小碎步调整重心，迅速还原成准备姿势。（图 5-19、图 5-20）

图 5-19　反手快攻还原侧面图

图 5-20　反手快攻还原正面图

二、把手练习

目的：在外力的帮助下体会身体各部位的协调配合，在无球的情况下初步掌握反手动作。

方法：教练员对运动员手把手进行反手快攻动作的训练。此时教练员的动作是主动的，运动员的动作是被动的。

要求：

（1）运动员应集中注意力，注意运动中肌肉的感觉，特别是反手快攻技术细节。

（2）教练员要根据运动员的身高进行手把手练习，尽量与运动员融为一体。

三、徒手练习

目的：体会身体各部位的协调配合，在无球的情况下初步掌握反手快攻动作。

方法：在教练员的口令下，运动员有节奏地进行练习。

要求：

（1）运动员应集中注意力，注意教练员的动作，特别是动作细节。

（2）教练员要及时纠正运动员的错误动作。

四、对墙击球

目的：体会有球时的反手快攻动作细节，熟悉球的反弹情况。

方法：运动员按正确的反手动作将球击打到墙壁上，尽量让球在球拍和墙壁间来回跳动，身体保持稳定，并注意体会拍触球的动作。

要求：

（1）运动员应注意球反弹的位置和拍触球时的动作细节。

（2）开始练习时，可先不要求运动员将球击打到一个固定的区域内。随着运动员对球性的熟悉，教练员可在墙上画好区域，且区域的面积逐渐减小，以提高运动员击球的准确性。

五、自抛自打

目的：体会球垂直弹起时的球性和击球时全身的协调配合。

方法：运动员用不执拍手将球抛到球台合适的位置，待球弹起后，按正确的反手动作将球击打过网，并使球落到对方台面上，身体保持稳定，并注意体会拍触球的动作。

要求：

（1）运动员根据球的反弹情况，在正确的时间击球，并注意击球动作的准确性。

（2）开始练习时，可先不要求运动员将球击打到一个固定的区域内。随着运动员对球性的熟悉，教练员可在台面上画好区域，且区域的面积逐渐减小，以提高运动员击球的准确性。

（3）随着运动员技术水平的提高，教练员可要求运动员变化回球的落点，将球击打到多个固定的区域内。教练员可在台面上画好每个落点的区域，且区域的面积逐渐减小，以提高运动员击球的准确性。

六、多球练习

目的：体会反手快攻动作细节及身体各部位的协调配合。

方法：教练员站在运动员的对面用多球供球。运动员按准备姿势的要求面对球台站好，按照规则的要求进行回击。注意击球动作的细节和全身的协调配合。

要求：

（1）教练员供球的路线应先正手位再侧身位、先斜线再直线。

（2）教练员供球时一定要尽量让自己击出的球在速度、力量、旋转、落点等方面与正式比赛对手的击球质量一致，并随着运动员技术水平的提高，击球质量应高于较强对手的击球质量，以达到锻炼运动员、更快地提高运动员的技术水平的目的。

（3）教练员要注意运动员动作的正确性，并及时纠正。

第六章　发球技术

第一节　发球基本知识

高质量的发球是运动员在比赛中争取主动的有力保证。高质量的发球必须时间短促、手法隐蔽，最好是用极为相似的动作通过拍触球时手腕、手指的灵活运动改变球拍触球的部位和球拍角度，从而发出旋转强烈且差异很大、出手突然、落点准确的球。

一、手部运动方式介绍

手腕和手指是发球的关键，为了方便读者阅读本书，在介绍发球前先介绍手腕的动作。手腕的动作（图6－1）依次为手腕屈、手腕伸、手腕内收、手腕外展。此外，发球时还常常需要手臂外旋、手臂内旋。

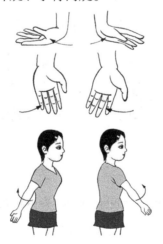

图6－1　手腕的动作

二、发球落点介绍

在旋转变化的基础上，落点的变化依然重要。

（1）落点横向空间的变化，即斜、直线的变化，由拍触球时的拍形角度和发力方向决定。

（2）落点纵向空间的变化，即长、短球的变化，主要依靠运动员对发球第一落点的控制。发长球第一落点应靠近自己球台的端线（图6-2实线），发短球第一落点应靠近自己球台的球网（图6-2虚线）。

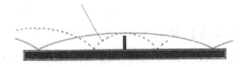

图6-2 落点纵向空间的变化

三、拍触球位置、球拍运动方向与发球旋转的关系

只有在动作相似的前提下，才能有效地利用旋转差异得分或创造得分机会。

（1）当球拍的运动方向向下时，用球拍的下部接触球，球拍运动时可以充分地摩擦球，使球在球拍上滚动，从而使击出的球带有强烈的下旋；相反，用球拍的上部摩擦球，球在球拍运动时与球拍的运动方向相反，因此无法摩擦球，即使运动员发球时发力方向与发力方法相同，也无法使球产生下旋。（图6-3）

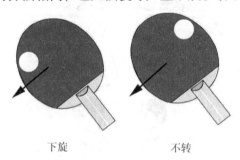

下旋   不转

图6-3 球拍运动方向向下时拍触球位置、球拍运动方向与发球旋转示意图

（2）当球拍的运动方向向上时，用球拍的上部接触球，球拍运动时可以充分地摩擦球，使球在球拍上滚动，从而使击出的球带有强烈的上旋；相反，用球拍的下部摩擦球，球在球拍运动时与球拍的运动方向相反，因此无法摩擦球，即使运动员发球时发力方向与发力方法相同，也无法使球产生上旋。（图6-4）

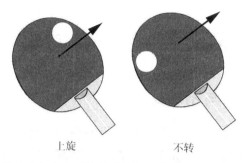

上旋　　　　　　　不转

图6－4　球拍运动方向向上时拍触球位置、球拍运动方向与发球旋转示意图

（3）当球拍的运动方向向左时，用球拍的左部接触球，球拍运动时，球拍可以充分地摩擦球，使球在球拍上滚动，从而使击出的球带有强烈的左侧旋；相反，用球拍的右部摩擦球，球在球拍运动时与球拍的运动方向相反，因此无法摩擦球，即使运动员发球时发力方向与发力方法相同，也无法使球产生左侧旋。（图6－5）

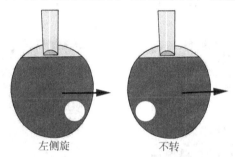

左侧旋　　　　　　　不转

图6－5　球拍运动方向向左时拍触球位置、球拍运动方向与发球旋转示意图

（4）当球拍的运动方向向右时，用球拍的右部接触球，球拍运动时，球拍可以充分地摩擦球，使球在球拍上滚动，从而使击出的球带有强烈的右侧旋；相反，用球拍的右部摩擦球，球在球拍运动时与球拍的运动方向相反，因此无法摩擦球，即使运动员发球时发力方向与发力方法相同，也无法使球产生右侧旋。（图6－6）

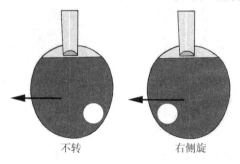

不转　　　　　　　右侧旋

图6－6　球拍运动方向向右时拍触球位置、球拍运动方向与发球旋转示意图

第二节　发球技术类别

一、正手发转球与不转球

（1）作用：本套发球技术是各类型运动员使用率较高的发球技术。它运用极相似的手法发出下旋球和不转球，造成对方判断失误而直接得分，或为自己下一板进攻创造机会。

（2）特点：球速较慢，旋转变化大。加转球下旋球越强烈，与不转球的反差越大，动作越相似，效果越好。

（3）正手发转球的动作要领如下（以右手为例）。

①准备姿势：左脚略微在前，站在左侧边线，上半身与左侧边线平行，两手靠近。（图6－7、图6－8）

图6－7　正手发加转球准备姿势侧面图　　　　图6－8　正手发加转球准备姿势正面图

②抛球引拍：左手将球向上抛起，同时上体向右后方转动，重心转至右脚；前臂外旋，球拍后仰；前臂屈，向后上方引拍；手腕外展，增大引拍动作幅度。（图6－9、图6－10）

图6－9　正手发加转球抛球引拍侧面图　　　　图6－10　正手发加转球抛球引拍正面图

③拍触球:将重心转至左脚，向右转体，上臂带动前臂快速向前下方挥动；当球从高点下降至基本与网高同高时，前臂加速向前下方发力，用球拍靠下部位（与运动方向一致）接触球的中下部；手腕内收，手指用力，用力向下摩擦球的中下部直到球的底部（使球在球拍上滚动）；发短球时第一落点应靠近球网，发长球时第一落点应靠近端线。（图6-11、图6-12）

图6-11　正手发加转球拍触球侧面图

图6-12　正手发加转球拍触球正面图

④顺势挥拍：球离开拍后，应有短促的顺势挥拍。（图6-13、图6-14）

图6-13　正手发加转球顺势挥拍侧面图

图6-14　正手发加转球顺势挥拍正面图

⑤还原：调整重心，同时用小碎步调整位置，迅速还原成准备姿势。（图6-15、图6-16）

图6-15　正手发加转球还原侧面图

图6-16　正手发加转球还原正面图

● 如何做好发转球：

①转腰、引拍的幅度要大，要充分，增加挥拍持续加速的距离。

②拍触球的点不能太高，以免影响摩擦球的力度、球出手和运行的速度、球的弧线等。

③用球拍拍头的左侧接触球，并增加球在球拍上摩擦的时间，以增大球的下旋强度。

④在使球有一定的前进力的前提下，尽量使作用力线远离球心，以增强球的旋转。

⑤手腕、手指的力量绝不能少。

⑥身体的协调配合是发出高质量球的关键，在完成整个正手发转球动作的过程中，各个关节力的传递要协调一致，以免因为产生分力而影响发出球的质量。

（4）正手发不转球的动作要领如下（以右手为例）。

①准备姿势：左脚略微在前，站在左侧边线，上半身与左侧边线平行，两手靠近。（图6－17、图6－18）

图6－17　正手发不转球准备姿势侧面图　　　图6－18　正手发不转球准备姿势正面图

②抛球引拍：左手将球向上抛起，同时，上体向右后方转动，重心转至右脚；前臂外旋，球拍后仰；前臂屈，向后上方引拍；手腕外展，增大引拍动作幅度。（图6－19、图6－20）

图6－19　正手发不转球抛球引拍侧面图　　　图6－20　正手发不转球抛球引拍正面图

③拍触球：将重心转移至左脚，向右转体，上臂带动前臂快速向前下方挥动；当球从高点下降至基本与网高同高时，前臂加速向前下方发力，用球拍靠上部位（与

球拍运动方向不一致）推弹球的中部，且不摩擦球；发短球时第一落点应靠近球网，发长球时第一落点应靠近端线。（图6－21、图6－22）

图6－21　正手发不转球拍触球侧面图　　　图6－22　正手发不转球拍触球正面图

④顺势挥拍：球离拍后，应有短促的顺势挥拍。（图6－23、图6－24）

图6－23　正手发不转球顺势挥拍侧面图　　图6－24　正手发不转球顺势挥拍正面图

⑤还原：调整重心，同时用小碎步调整位置，迅速还原成准备姿势。（图6－25、图6－26）

图6－25　正手发不转球还原侧面图　　　图6－26　正手发不转球还原正面图

· 如何做好发不转球：

①手法应尽量与发转球的动作相似。在整个挥拍运动中无论在哪一步，只要在手法上有不一致的地方，就会成为对方分辨这套发球的依据，从而影响这套发球的质量，因此，一定要在手法上下功夫，使发转球和发不转球的手法基本一致。

②发转球与发不转球的球速相似。一般情况下发转球时由于旋转的作用，球相

对于没有旋转发飘的不转球来讲球速较快,因此,在实战中应有意识地加快发不转球的出手速度,使其在球速与发转球基本一致,这样才能增加对方判断这套发球的难度,从而达到迷惑对方的目的。

③发不转球的关键是在拍触球时用球拍的右侧接触球,由于球拍运动的方向向前下方,球应向上滚动,而用球拍的此部位接触球就会缩短球在球拍上运行的时间,最好是用球拍的最右侧接触球,球一接触球拍就离手,从而达到不摩擦球的目的,同时应主动推、弹球的中部,以使球获得前进的力量,并适当加快球的出手速度。

二、正手发左侧下、左侧上旋球

(1)作用:正手左侧下、左侧上旋球是各类运动员使用率较高的发球。它是运用极相似的手法发出旋转差异最大的两种不同旋转的球,造成对方判断失误而直接得分,或为自己下一板进攻创造机会。由于侧旋球在落台或接触球拍时作用力与反作用力的影响,使其与不带侧旋的球反弹角度不同,会给对方运动员回球造成困难。

(2)特点:以旋转变化为主,飞行弧线向右偏拐,对方回球时向其左侧下(上)偏拐(以右手为例)。

(3)正手发左侧下旋球的动作要领如下(以右手为例)。

①准备姿势:左脚在前,站在左侧边线外,上体与左侧边线平行,两手靠近。(图6-27、图6-28)

图6-27 正手发左侧下旋球准备姿势侧面图　　图6-28 正手发左侧下旋球准备姿势正面图

②抛球引拍:左手将球向上抛起,上体向右后方转动,重心转移至右脚;前臂外旋、屈,手腕外展,向后上方引拍。(图6-29、图6-30)

③拍触球:向左转体,转移重心至前脚;上臂带动前臂快速向左前下方挥动;当球从高点下降至基本与球网同高时,前臂旋外,手腕内收,用球拍拍头的左侧接触球,用力摩擦球的右侧中下部直到球的左侧底部,使球获得最大的角速度;发短球时第一落点应靠近球网,发长球时第一落点应靠近端线。(图6-31、图6-32)

图6-29　正手发左侧下旋球抛球引拍侧面图　　图6-30　正手发左侧下旋球抛球引拍正面图

图6-31　正手发左侧下旋球拍触球侧面图　　图6-32　正手发左侧下旋球拍触球正面图

④顺势挥拍：球离手后，应继续挥拍做发左侧上旋球的动作以迷惑对方。（图6-33、图6-34）

图6-33　正手发左侧下旋球顺势挥拍侧面图　　图6-34　正手发左侧下旋球顺势挥拍正面图

⑤还原：调整重心，并迅速还原成准备姿势。（图6-35、图6-36）

图6-35　正手发左侧下旋球还原侧面图　　图6-36　正手发左侧下旋球还原正面图

（4）正手发左侧上旋球的动作要领如下（以右手为例）。

①准备姿势：左脚在前，站在左侧边线外，上体与左侧边线平行，两手靠近。（图6-37、图6-38）

图6-37　正手发左侧上旋球准备姿势侧面图　　图6-38　正手发左侧上旋球准备姿势正面图

②抛球引拍：左手将球向上抛起，上体向右后方转动，重心转移至右脚；前臂外旋、屈，手腕外展，向后上方引拍。（图6-39、图6-40）

图6-39　正手发左侧上旋球抛球引拍侧面图　　图6-40　正手发左侧上旋球抛球引拍正面图

③拍触球：向左转体，转移重心至前脚；上臂带动前臂快速向左前下方挥动；当球从高点下降至基本与球网同高时，前臂旋外，手腕内收，做假动作迷惑对方；当球拍过了垂直点，前臂屈、旋外，手腕内收，使球拍从右下方向左上方挥动，用力摩擦球的左侧中部直到球的左侧中上部；发短球时第一落点应靠近球网，发长球时第一落点应靠近端线。（图6-41、图6-42）

图6-41　正手发左侧上旋球拍触球侧面图　　图6-42　正手发左侧上旋球拍触球正面图

④顺势挥拍：球离手后，应继续挥拍做发正手逆旋转的动作以迷惑对方。（图6-43、图6-44）

图6-43　正手发左侧上旋球顺势挥拍侧面图　　图6-44　正手发左侧上旋球顺势挥拍正面图

⑤还原：调整重心，并迅速还原成准备姿势。（图6-45、图6-46）

图6-45　正手发左侧上旋球还原侧面图　　图6-46　正手发左侧上旋球还原正面图

（5）秘诀。

①转腰、引拍的幅度要大。

②拍触球的点不能高于球网。

③用球拍的正确部位接触球，并随着球拍的运动让球尽量在球拍上滚动，尽量拉大侧上旋与侧下旋的旋转差异。

④在使球有一定的前进力的前提下，尽量使作用力线远离球心。

⑤横拍选手在发球时，一定要变换握拍的方法。

⑥用爆发力突然将力量发出，并且让手腕、手指富有足够的力量。

⑦身体的协调配合是发出高质量球的关键，在完成整个动作的过程中，各个关节力的传递要协调一致。

⑧对于专业运动员来讲，侧上、侧下旋中的侧旋并不能构成对方接发球的障碍，造成对方判断失误的主要原因是上、下旋（对业余选手来讲，侧旋本身也是造成其失误的原因），因此，侧上旋和侧下旋的发球动作要极为相似，在本套发球动作中有一半的动作是假动作，用以迷惑对方，因此，在做假动作时，一定要力求逼真，以使对方判断失误。

三、正手逆旋转发球

（1）作用：正手逆旋转发球是水平较高的运动员使用率较高的发球。它是运用极相似的手法发出旋转差异最大的两种不同旋转的球，造成对方判断失误而直接得分，或为自己下一板进攻创造机会。从球的性质来讲，它与反手发右侧上、右下旋相同，但它在实战中的作用却远远大于反手发右侧上、右下旋。正手逆旋转发球打破了人们一贯正手左侧旋球、反手发右侧旋球的思维定式，由正手发出了右侧旋球。再加上这种发球本身隐蔽性非常强，更适合反手强和习惯两面上手抢攻的运动员使用。同时，这种发球在发球时站位和动作都与正手发左侧上、左侧下旋相同，因此也具备了发球后走动取位方便的优点，不乱阵脚，也被正手抢攻为主的运动员所接受。此外，由于侧旋球在落台或接触球拍时作用力与反作用力的影响，使其与不带侧旋的球反弹角度不同，因此会给对方运动员回球造成困难。

（2）特点：旋转强、球性软、差异大、运行飘，对方判断难。

（3）正手逆旋转侧下旋的动作要领如下（以右手为例）。

①准备姿势：左脚在前，站在左侧边线外，上体与左侧边线平行，两手靠近。（图6-47、图6-48）

图6-47 正手逆旋转侧下旋准备姿势侧面图　　图6-48 正手逆旋转侧下旋准备姿势正面图

②抛球引拍：左手将球向上抛起，上体向右后方转动，重心转移至右脚；前臂外旋、屈，手腕外展，向后上方引拍。（图6-49、图6-50）

图6-49 正手逆旋转侧下旋抛球引拍侧面图　　图6-50 正手逆旋转侧下旋抛球引拍正面图

③拍触球：为了迷惑对方，应先完成正手发左侧上下旋的动作。上臂带动前臂快速向右前下方挥动；当球从高点下降至基本与球网同高时，前臂旋内、伸，手腕外展、伸，用球拍拍头的右侧接触球，用力摩擦球的左侧中下部直到球的右侧底部，使球获得最大的角速度；发短球时第一落点应靠近球网，发长球时第一落点应靠近端线。（图6-51、图6-52）

图6-51 正手逆旋转侧下旋拍触球侧面图　　图6-52 正手逆旋转侧下旋拍触球正面图

④顺势挥拍：球离手后，应继续挥拍做发正手逆旋转侧上旋的动作以迷惑对方。（图6-53、图6-54）

图6-53 正手逆旋转侧下旋顺势挥拍侧面图　　图6-54 正手逆旋转侧下旋顺势挥拍正面图

⑤还原：调整重心，并迅速还原成准备姿势。（图6-55、图6-56）

图6-55 正手逆旋转侧下旋还原侧面图　　图6-56 正手逆旋转侧下旋还原正面图

（4）正手逆旋转侧上旋的动作要领如下（以右手为例）。

①准备姿势：左脚在前，站在左侧边线外，上体与左侧边线平行，两手靠近。（图6-57、图6-58）

图6-57　正手逆旋转侧上旋准备姿势侧面图　　　图6-58　正手逆旋转侧上旋准备姿势正面图

②抛球引拍：左手将球向上抛起，上体向右后方转动，重心转移至右脚；前臂外旋、屈，手腕外展，向后上方引拍。（图6-59、图6-60）

图6-59　正手逆旋转侧上旋抛球引拍侧面图　　　图6-60　正手逆旋转侧上旋抛球引拍正面图

③拍触球：为了迷惑对方，应先完成正手发左侧上下旋及正手逆旋转侧下旋的动作。当球从高点下降至基本与球网同高时，上臂带动前臂快速向右前下方挥动，球拍竖起，快速迎球；拍触球时前臂旋内、屈，手腕外展、伸，使球拍从左下方向右上方挥动；用球拍的远端用力摩擦球的左侧中部直到球的右侧中上部；用力摩擦球的左侧中下部直到球的右侧底部，使球获得最大角速度；发短球时第一落点应靠近球网，发长球时第一落点应靠近端线。（图6-61、图6-62）

图 6-61　正手逆旋转侧上旋拍触球侧面图　　　图 6-62　正手逆旋转侧上旋拍触球正面图

④顺势挥拍:球离手后,应继续挥拍使动作与发正手逆旋转侧下旋相似以迷惑对方。(图 6-63、图 6-64)

图 6-63　正手逆旋转侧上旋顺势挥拍侧面图　　图 6-64　正手逆旋转侧上旋顺势挥拍正面图

⑤还原:调整重心,并迅速还原成准备姿势。(图 6-65、图 6-66)

图 6-65　正手逆旋转侧上旋引拍侧面图　　　图 6-66　正手逆旋转侧上旋顺势挥拍正面图

(5)秘诀。

①发好正手左侧上、下旋球的秘诀同样也适合发正手逆旋转球。

②逆旋转球是一种对惯性思维的挑战和突破,在拍触球前动作应尽量与发正手左侧上、下旋球相似,以增大发球的隐蔽性。

③在球拍触球的瞬间手腕快速外展、伸,重心、手臂、手腕、手指要高度协调,即发力时间和发力方向高度一致,以便在保证此套发球隐蔽的前提下,提高发球的质量。

④拍触球时通过球拍的角度和发力方向改变球的旋转和落点。发逆侧下旋球：用球拍拍头的右侧接触球，用力摩擦球的左侧中下部直到球的右侧底部；发逆侧上旋球：用球拍的远端用力摩擦球的左侧中部直到球的右侧中上部。

四、正手勾手发球

（1）作用：正手勾手发球是水平较高的运动员使用率较高且较为先进的发球。它运用极相似的手法发出两种不同逆向旋转的球，造成对方判断失误而直接得分，或为自己创造发球抢攻的机会。从球的性质来讲它与反手发右侧上、下旋和正手逆旋转发球相似，发球本身隐蔽性非常强，适合两面上手抢攻的运动员使用。由于侧旋球在落台或接触球拍时作用力与反作用力的影响，使其与其他侧旋的球反弹角度有差异，因此会给对方运动员接发球造成威胁。

（2）特点：旋转强、弧线低、球速快，可较大程度限制对手的控制。

（3）正手勾手发侧下旋的动作要领如下（以右手为例）。

①准备姿势：左脚在前，站在左侧边线外；上体与左侧边线平行，发球握拍法；两手靠近。（图6-67、图6-68）

图6-67　正手勾手发侧下准备姿势侧面图　　图6-68　正手勾手发侧下准备姿势正面图

②抛球引拍：左手将球向上抛起，上体向右后方转动，重心转移至右脚；前臂内收，手腕内扣，向右后方引拍。（图6-69、图6-70）

图6-69　正手勾手发侧下抛球引拍侧面图　　图6-70　正手勾手发侧下抛球引拍正面图

③拍触球：当球从高点下降至基本与球网同高时，重心转移至前脚，并带动上肢转体，上臂带动前臂手腕由右后上方向左前下方快速挥动，手腕内扣，拍形竖起；用球拍的远端用力摩擦球的右侧中下部；发短球时第一落点应靠近球网，发长球时第一落点应靠近端线。（图6-71、图6-72）

图6-71　正手勾手发侧下拍触球侧面图　　　图6-72　正手勾手发侧下拍触球正面图

④随摆：触球后，应有短促的顺势随挥。（图6-73、图6-74）

图6-73　正手勾手发侧下随摆侧面图　　　图6-74　正手勾手发侧下随摆侧面图

⑤还原：发球完成后，调整重心，利用小碎步迅速还原成准备姿势。（图6-75、图6-76）

图6-75　正手勾手发侧下还原侧面图　　　图6-76　正手勾手发侧下还原正面图

（4）勾手发侧上旋的动作要领如下（以右手为例）。

①准备姿势：左脚在前，站在左侧边线外；上体与左侧边线平行，发球握拍法；

两手靠近。（图6-77、图6-78）

图6-77 正手勾手发侧上准备姿势侧面图

图6-78 正手勾手发侧上准备姿势正面图

②抛球引拍：左手将球向上抛起，上体向右后方转动，重心转移至右脚；前臂内收，手腕内扣，向右后方引拍。（图6-79、图6-80）

图6-79 正手勾手发侧上抛球引拍侧面图

图6-80 正手勾手发侧上抛球引拍正面图

③拍触球：当球从高点下降至基本与球网同高时，重心转移至前脚，并带动上肢转体，上臂带动前臂手腕由右后上方向左前方快速挥动，手腕内扣，拍形竖起；用球拍的远端用力摩擦球的右侧中部；发短球时第一落点应靠近球网，发长球时第一落点应靠近端线。（图6-81、图6-82）

图6-81 正手勾手发侧上拍触球侧面图

图6-82 正手勾手发侧上拍触球正面图

④随摆：触球后，应有短促的顺势随挥。（图6-83、图6-84）

图 6-83 正手勾手发侧上随摆侧面图   图 6-84 正手勾手发侧上随摆正面图

⑤还原:发球完成后,调整重心,利用小碎步迅速还原成准备姿势。(图 6-85、图 6-86)

图 6-85 正手勾手发侧上还原侧面图   图 6-86 正手勾手发侧上还原正面图

● 正手勾手发球的秘诀:

(1)充分运用身体重心的力量。

(2)把握发力方向、击球部位、击球时间、拍形角度。

(3)击球瞬间手指、手腕集中发力,球与拍充分摩擦。

(4)在区分好侧上与侧下旋两种不同旋转的发球技术要领的同时,保证发球动作的隐蔽性。

五、反手发转球与不转球

横拍两面攻运动员,特别是正反手实力相当、均可上手抢攻的运动员采用反手发球的概率较高。如果反手优于正手,那反手发球应是首选。近年来,由于无遮挡发球规则的实施,使反手发球的使用率提高,因为反手发球更易符合规则。采用这套发球时,运动员应该运用极相似的手法发转球和不转球,从而达到迷惑对方,为自己创造进攻机会的目的,甚至可以造成对方判断失误而直接得分。

（一）反手发转球

（1）作用：运动员要想在比赛中用反手发转球迷惑对手，就必须首先做好发转球，因为在这套发球中，只有转球的旋转强烈，才能造成与不转球的强烈反差，而这种差异越大，反手发转球的效果越好。

（2）特点：球速慢，下旋强烈。

（3）秘诀：

①正手发转球的秘诀同样也适用于反手发转球。

②如何巧妙地使用手腕、手指的力量是做好反手转球的关键。应该从引拍、发力到制动的各个环节，都巧妙地将手指、手腕的力量作用在球上，以形成拍触球时的"点"擦，使拍触球显得短促、集中。虽然这样的发球动作不是很大，但发力集中而巧妙，有效地增大了发球的威力。

③发短球时，不能一味地只追求旋转，还必须在拍触球时在向下用力的同时，适当给球一些向前的力量，这样对于发球的旋转和稳定性都会产生积极的影响，以免因为向前的力不足而发生触球时摩擦"打滑"的现象。

（二）反手发不转球

（1）作用：运动员要想在比赛中用反手发不转球迷惑对手，就必须有与反手发转球动作和球速都极为相似的不转球，只有这样才能达到迷惑对方，造成对方失误或为自己的进攻创造条件的目的。

（2）特点：球速慢，没有旋转。

（3）秘诀：

①动作和球速应尽量与发转球的相似（详见正手发不转球秘诀），以迷惑对方，造成对方判断失误。

②发不转球的关键是在拍触球时用球拍的左侧接触球，球拍运动的方向向前下方，球应向上滚动，而用球拍的此部位接触球就会缩短球在球拍上运行的时间。最好是用球拍的最左侧接触球，球一接触球拍就离手，从而达到不摩擦球的目的。同时，应主动推、弹球的中部，以使球获得向前的力量，并适当加快球的出手速度。

六、反手发右侧下、右侧上旋球

（1）作用：本套发球是各类型运动员使用率较高的发球。它运用极相似的手法发出旋转差异较大的两种不同旋转的球，造成对方判断失误而直接得分，或为自己下一板进攻创造机会。由于侧旋球在落台或接触球拍时作用力与反作用力的影响，其与不带侧旋的球反弹角度不同，会给对方运动员回球造成困难。

（2）特点：以旋转变化为主，飞行弧线向左偏拐，对方回球时向其右侧下（上）偏拐。

（3）反手发右侧下旋球的动作要领如下（以右手为例）。

①准备姿势：右脚在前，转体，右肩和右髋靠近球台，球拍在不执拍手之后。（图6–87、图6–88）

图6–87 反手发右侧下旋球准备姿势侧面图　图6–88 反手发右侧下旋球准备姿势正面图

②抛球引拍：向上抛球，向左转体；将不执拍手移出三角区域，前臂内旋、屈，球拍后仰，向后上方引拍，引拍动作幅度较大，手腕外展，拍头朝后，拍面后仰；转移重心至前脚，左脚抬起。（图6–89、图6–90）

图6–89 反手发右侧下旋球抛球引拍侧面图　图6–90 反手发右侧下旋球抛球引拍正面图

③拍触球：向右转体，向左脚转移重心，上臂带动前臂快速向前下方挥动；当球落到与球网同高时，前臂加速向前下方发力，同时手腕内收，前臂旋内，用球拍拍头的右侧接触球，用力摩擦球的左侧中下部直到球的右侧底部；发短球时第一落点应靠近球网，发长球时第一落点应靠近端线。（图6–91、图6–92）

图6-91　反手发右侧下旋球拍触球侧面图　　　图6-92　反手发右侧下旋球拍触球正面图

④顺势挥拍：球离手后，应继续挥拍做发右侧上旋球的动作以迷惑对方。（图6-93、图6-94）

图6-93　反手发右侧下旋球顺势挥拍侧面图　　　图6-94　反手发右侧下旋球顺势挥拍正面图

⑤还原：调整重心，并迅速还原成准备姿势。（图6-95、图6-96）

图6-95　反手发右侧下旋球还原侧面图　　　图6-96　反手发右侧下旋球还原正面图

（4）反手发右侧上旋球的动作要领如下（以右手为例）。

①准备姿势：右脚在前，转体，右肩和右髋靠近球台，球拍在不执拍手之后。（图6-97、图6-98）

图 6-97　反手发右侧上旋球准备姿势侧面图　　图 6-98　反手发右侧上旋球准备姿势正面图

②抛球引拍：向上抛球，向左转体；将不执拍手移出三角区域，前臂内旋、屈、球拍后仰，向后上方引拍，引拍动作幅度较大，手腕外展，拍头朝后，拍面后仰；转移重心至前脚，左脚抬起。（图 6-99、图 6-100）

图 6-99　反手发右侧上旋球抛球引拍侧面图　　图 6-100　反手发右侧上旋球抛球引拍正面图

③拍触球：向右转体，向后脚转移重心，上臂带动前臂快速向前下方挥动；当球落到与球网同高时，前臂加速向前下方发力，同时手腕内收，前臂旋内，但不接触球，只是迷惑对方的假动作；当手臂开始向上挥动时，前臂伸、旋内，手腕内收，使球拍从左下方向右上方挥动，用力摩擦球的左侧中部直到球的右侧中上部；发短球时第一落点应靠近球网，发长球时第一落点应靠近端线。（图 6-101、图 6-102）

图 6-101　反手发右侧上旋球拍触球侧面图　　图 6-102　反手发右侧上旋球拍触球正面图

④顺势挥拍：球离手后顺势挥拍，结束动作应与发右侧下旋球一致。（图 6-

103、图6－104）

图6－103　反手发右侧上旋球顺势挥拍侧面图　图6－104　反手发右侧上旋球顺势挥拍正面图

⑤还原：调整重心，并迅速还原成准备姿势。（图6－105、图6－106）

图6－105　反手发右侧上旋球还原侧面图　图6－106　反手发右侧上旋球还原正面图

（5）发好反手右侧下、右侧上旋球的秘诀。

①发好正手右侧下、左侧上旋的秘诀同样也适用于反手发右侧上、下旋（详见本书正手发右侧下、左侧上旋的秘诀）。

②本套发球有一半的动作是假动作，两种发球外形的相似度越高，效果越好。

③本套发球球与球拍的摩擦时间较长，是因为需要同时完成侧旋和上（下）旋，拍触球时必须侧向摩擦球以产生侧旋，同时还需要向上（下）摩擦球以产生上（下）旋。

④发反手右侧上旋球的难度较大，需要更多的技巧，一般仅仅靠前臂的提拉不能产生强烈的旋转，还需要用爆发力使手背有一个向侧上方的"拱拉"动作，以加强拍触球摩擦的力量。

七、正手发高抛左侧上、下旋球

（一）优缺点

目前在国内外乒坛上，这套发球的使用率较高，许多高水平的运动员可以运用极相似的手法发出正手高抛左侧上、下旋球。它除了具备正手发右侧下、左侧上旋的优点之外，其优点主要包括：

（1）高抛发球时抛球的高度较高，根据物理原理，由于重力加速度的原因，球下降到拍触球时，抛球越高球获得的初速度就越大，这个力量如果能与球拍从左向右摩擦球的力量巧妙地结合就能加大发出球的旋转和速度。

（2）发球运动员向上抛球时，由于抛球较高，在抛球和拍触球之间有一个时间间隔，它可以干扰接发球员的注意力，影响接发球员对拍触球瞬间的有效判断，给对方运动员回球造成困难。此外，如果高抛侧上旋与高抛侧下旋的动作相似且穿插使用，会迷惑对方，使对方回球出现下网、出界、回出机会球等情况，从而直接得分或为自己的进攻创造机会。

（3）目前国际比赛中对发球的判罚较严，高抛发球后如果运动员能及时将不执拍手从身体前移开，比较容易过关。目前许多运动员在发球时，在做到上述要求的情况下，利用肩膀前压的动作挡住对方视线，从而达到造成对方运动员判断失误的目的。

缺点：如果抛球技术不过关，常常因为球下落后位置不好而影响发球质量或造成发球犯规。

（二）秘　诀

（1）抛球是发好本套球的关键，最好的抛球应该是高且直，并且能在下落时顺着发球运动员的身体中线且靠近身体落下。因此，抛球时手臂的用力和身体的协调配合是练习的关键。

（2）只有在将球下落时获得的重力加速度的优势与球拍从右向左摩擦球的力量合二为一，才能真正达到高抛球的目的；否则高抛发左侧上、左侧下旋球的威力还不如平常的左侧上、左侧下旋发球。因此，除了注重转腰引拍的幅度大，拍触球的点不能太高，用球拍的正确部位接触球，尽量使作用力线远离球心，尽量扩大手腕、手指的移动范围，拍触球时身体重心应随着手臂用力的方向移动等与正手发左侧上下旋球相同的关键技术之外，还必须加强身体的协调配合，特别是抛球与发力时机的掌握，以便能更好地将二力合二为一，增加发球的旋转和速度。

八、正手发急长球

（1）作用：正手发急长球的目的与实战中的变化和牵制有关。实战中，运动员发短球的质量再高，如果没有长球的配合，对手也会很快适应、并在接发球时尽量靠近正手球台，以方便尽快到位回接高质量的球。但如果在这个时候，运动员能够急长球，就可以达到牵制对方、破坏对方判断、打乱对方站位的目的。如果自己的实力较强，善打对攻，为了避免与对手过多地在近台纠缠，发挥自己的特长，也可以增加正手发急长球的使用率。由于初学者或没有经过正规训练的运动员步法一般不够灵活，两面照顾的范围较小，使用本套发球的效果更好。此外，在对手特别紧张时，用正手发急长球偷袭往往能收到较好的效果。

（2）特点：出手速度快、旋转强、落点变化多。

（3）秘诀：

①正手发急长球和上述其他发球一样，应做到转腰、引拍的幅度大、充分；在完成整个动作的过程中，各个关节力的传递协调一致。

②本套发球的特点是突然性，因此，有效地将球发至对方意想不到的地方，或与对方的预判相反的落点是本套发球成功的关键。在赛前和比赛的过程中，应尽快熟悉对方的思维模式，并根据对方接发球时的蛛丝马迹大胆预测对方可能采取的接发球方式，主动变化以打乱对方的阵脚，以智取胜。

③发球的球速快也能提高本套发球的突然性，用球拍拍头的前端接触球，有利于加快球的出手速度；而触球点低（尽量使其接近台面），保证球的反弹轨迹更多地向前而不是向上，是加快球运行速度的保证，这一点虽然很难，尤其是发急下旋球，但效果极佳。

④在球拍触球的瞬间再通过球拍的角度和发力方向，改变球的线路，发出斜、直线的变化，以增加球的隐蔽性。同样，如果本套发球中发各种旋转的动作在外形上都极为相似，又可以提升本套发球的质量。此外，如果本套发球能与正手发左侧上、下旋的准备，引拍，迎球等动作相似，并能根据情况灵活运用，那在比赛中发球将可占到较大的先机。

⑤拍触球时手腕、手指的动作及力量的大小是提高本套发球质量的基础，也是本套3种发球方式唯一区别。

正手发急下旋球：在拍触球的瞬间加强手腕敲击、弹击和下切的力量，以增大发球的突然性，并使球获得下旋。

正手发急上旋球：在拍触球的瞬间加强手腕敲击、弹击的力量，以增大发球的突然性。

正手发左上旋急球：在拍触球的瞬间手腕从后向前使劲抖动，球拍沿球的右侧中部向中上部摩擦，同时增加手腕的弹击力量，将球的旋转力量与向前的冲击力巧妙地结合起来。

⑥为了保证正手发急下旋球的速度和旋转的统一，且使球的反弹弧线较低，在拍触球时不仅要靠手臂、手腕的弹切力量击球，还要将身体重心也随着手臂的挥动向前下方下压用力。

九、反手发急长球

（1）作用：反手发急长球的目的与实战中的变化和牵制有关。实战中，运动员发短球的质量再高，如果没有长球的配合，对手也会很快适应，并在接发球时尽量靠近球台，以方便尽快到位回接高质量的球。但如果在这个时候，运动员能够反手发急长球，就可以达到牵制对方、破坏对方判断、打乱对方站位的目的。如果自己的实力较强，善打对攻，为了避免与对手过多地在近台纠缠，发挥自己的特长，也可以增加反手发急长球的使用率。对于没有经过正规训练的运动员，由于他们的步法一般不够灵活，两面照顾的范围较小，使用本套发球的效果更大。此外，在对手特别紧张时，用反手发急长球偷袭往往能收到较好的效果。

（2）特点：出手速度快、旋转强、落点变化多。

（3）秘诀（参见正手发急长球的秘诀）：

①一定要注意本套发球与其他反手发球的配合，这样才能收到良好的效果。

②本套发球的特点是突然性，因此，必须注意以下几点。

a. 发球落点的突然性。了解对方的思维模式，并根据对方接发球的蛛丝马迹大胆预测对方可能采取的接发球方式，主动变化以打乱对方的阵脚，以智取胜。

b. 增加球的速度，提高发球的突然性。用球拍拍头的前端接触球，有利于加快球的出手速度；而触球点低（尽量使其接近台面）能保证球的反弹轨迹更多地向前而不是向上，加快球运行的速度。

c. 增加发球的隐蔽性，加大球的突然性。使本套发球引拍、迎球的动作相同，在球拍触球的瞬间再通过球拍的角度和发力方向，改变球的线路，发出斜、直线的变化。同样，应使发本套各种旋转的动作在外形上极为相似，以加大对方接发球的难度。

③拍触球时手腕、手指的动作及力量的大小是提高本套发球质量的基础，也是

本套3种发球方式间动作的唯一区别。

反手发急下旋球：在拍触球的瞬间加强手腕敲击、弹击和下切的力量，以增大发球的突然性，并使球获得下旋。

反手发急上旋球：在拍触球的瞬间加强手腕敲击、弹击的力量，以增大发球的突然性。

反手发轻短球：轻微发力送出。

十、下蹲发球

（1）作用：下蹲发球以旋转变化为主，目前在国内外乒坛使用较少，由于其摩擦球的部位和方向与下手类发球区别较大，且发出的旋转球落到对方台面的反弹方向也有所变化，因此，在比赛中偶然使用，特别是在关键时刻或打不开局面时使用，对方常常因不适应而造成失误，从而达到意想不到的效果。目前由于无遮挡发球规则的实施，下蹲发球不易犯规，已开始有部分运动员学习并在比赛中采用下蹲发球。但由于下蹲发球在发球时需要运动员完成下蹲动作，因此，与抢攻衔接时需要运动员更加灵活，判断更加准确，特别是侧身攻，对于那些身高较高的运动员非常不利。所以，下蹲发球目前仅有少数运动员使用。

比赛中，下蹲发右侧上、右侧下旋球和下蹲发左侧上、左侧下旋球在击球前的准备姿势、引拍及抛球的动作完全一致，唯一的区别是在拍触球时突然改变的拍形角度和用力方向，而发出的球在落台后，左、右侧旋有明显的左、右侧拐的现象，再附加上、下旋的变化，给对手接发球增加了很大难度，从而起到了在关键时刻打乱对方阵脚的作用。

（2）特点：旋转强、变化多，球落台反弹后有明显的侧拐现象。

（3）秘诀：

①一定要注意本套发球方式之间的配合，才能收到良好的效果。

②本套发球的特点是旋转变化大，因此，必须注意：增加发球的隐蔽性，加大发球的突然性。使本套发球引拍、迎球的动作相同，在球拍触球的瞬间再通过拍形角度和发力方向，改变球的旋转，发出左、右侧旋和上、下旋的变化。同样，应使发本套各种旋转的动作在外形上极为相似，以加大对方接发球的难度。

③拍触球时手腕、手指的动作及力量的大小是提高本套发球质量的基础，也是本套四种发球方式间的唯一区别。

左侧下旋球：从右向左前下方发力，从球的正中部向左下部摩擦。

左侧上旋球：从右向左前上方发力，从球的正中部向左上部摩擦。

右侧下旋球：从左向右前下方发力，从球的正中部向右下部摩擦。

右侧上旋球：从左向右前上方发力，从球的正中部向右上部摩擦。

第三节　常见错误及提高方法

一、常见错误

（1）抛球不直：抛球是发球的第一步。规则规定必须垂直地将球抛起，并不得使球产生旋转。因此，虽然抛球不直可能对发球员有利，但抛球不直很容易被裁判判罚。

（2）击球点离身体过远：根据物理学常识，减少旋转半径可以增加角速度。因此，当发球击球点离身体过远时，易出现发不出力的情况。

（3）击球点过高：根据物理学常识，入射角等于出射角。因此，发球击球点过高时，易出现发球较高的情况。

（4）拍触球时手指、手腕不会发力：手指、手腕的发力是提高发球质量的关键，如果拍触球时手指、手腕没有发力就不能发出强烈旋转的球。

（5）身体配合不协调：发球时，身体各关节需协调配合才能发出高质量的球。发球时应避免：

①对抗肌群不能及时放松，消耗一部分力量。

②协同肌群没有同步发力，而使力量减少。

③发力顺序不对没有把力全部力量送到末端关节，产生分力。

（6）成套动作的动作相似性不强：隐蔽性和欺骗性是高质量发球的必备条件，是给对方运动员造成接发球心理恐惧的必备因素。

（7）拍触球的部位不对：拍触球的部位正确是保证发球旋转的基础，没有正确的拍触球部位，就不可能发出高质量的发球。

（8）发球不能与发球抢攻有机结合：强有力的发球抢攻能力可以有效地提升发球的威力。因此，训练中要重视发球与发球抢攻的有机结合，从而有效地提升前三板的实力。

二、提高发球质量的方法

应该仔细阅读本书中你所选用的发球的动作要领及秘诀，以便从理论上较好地了解所选发球。

（1）学会手腕、手指发力：发球时需要充分地运用手指、手腕的力量。

①引拍时，应尽量使其做好充分的准备，即依据拍触球时的需要，充分做好反方向运动。

②拍触球时，使用爆发力，尽量加大手腕、手指的运动幅度和速度，以便有效地提高发球的质量。

③在加强发球技巧训练的同时，重视手腕、手指的力量训练。

（2）挥拍时注意提高加速度：在有限的距离内要想提高发球的质量，就必须加快挥拍速度，重视爆发力训练是基础。

（3）注意击球点的位置：击球点的位置应靠近身体，以便有效地增加发球的旋转。此外，击球点不能高于球网，以便有效地提高发球的质量。

（4）注意身体协调用力：了解该发球的发力顺序，加强身体协调性训练。在有效地使用身体大关节的力量，确保力集中作用在球上的前提下，掌握通过身体重心的前移和下压，有效地控制球的方法。

（5）注意拍触球时的动作：拍触球的动作非常关键，一定要认真把握拍触球的各项要点，以保证发球的旋转、相似性、突然性和隐蔽性。

三、发球训练原则

（1）先练质量，再练准确性：在学习某一发球动作时，首先，应强调拍触球时的细节动作；其次，应强调全身协调用力的方法；最后，应强调准确性。

（2）先练长球，再练短球：发长球的动作幅度大，容易具有较强的旋转和较快的速度。但短球由于需要控制球的落点，不容易发出高质量的球。

（3）先练下旋，再练旋转变化：练习发下旋球，有助于更好地体会拍触球的动作细节。一种旋转的发球一旦被完全掌握，也会对其他发球起到融会贯通的作用。同时，因为有强烈下旋球做后盾，建立动作相似的不转、侧旋等旋转才会产生良好的发球效果。

（4）发球练习需要与发球抢攻练习有效地结合：需要让运动员提早树立发球抢

攻的意识，并及时了解每一种发球的作用和特点，从而有效地与个人战术体系有机结合。

（5）提高发球练习的质量：每天保证发球、发球抢攻练习的时间，采用多球进行练习，练习时应严格按照要求进行，以保证练习质量。此外，发球和发抢练习不应安排在身体疲劳时。

（6）及时更换球拍覆盖物：球拍覆盖物的黏性是保证发球质量的物质基础，当胶皮覆盖物的黏性不够，摩擦系数减少时，应及时更换。

第七章 正手进攻技术

第一节 正手位正手进攻技术

一、正手扣杀

（1）作用：正手扣杀是各种类型打法运动员必须掌握的重要技术，是比赛时得分的主要手段，一般是在运动员用其他技术获得主动或优势，对方回球出现机会时使用。

（2）特点：动作较大、力量较重、球速快、攻击性强，具有明显的杀伤力。

（3）技术关键：高点期或上升期用力击球的中上部，击球点在身体前，全身协调发力，发力顺序为腿、腰、肩、上臂、前臂、手腕、手指，最后将力量全部作用在球上。用爆发力向左前下方发力，使击球瞬间的初速度最大，以便直接得分。

二、正手快带

（1）作用：正手快带是对付弧圈球的基本技术，是相持或被动时转变为主动的过渡技术。它主要是借助对方来球的力量，利用转腰的动作快速击球，将球带回，以减弱对方弧圈球的旋转、力量和速度，从而达到改变球的运动节奏、变被动为主动的目的。

（2）特点：速度快、弧线低、线路活、落点变化多。

（3）技术关键：上升期击球中上部，手腕保持相对固定，以借力为主。

三、正手杀高球

（1）作用：正手杀高球是各种类型打法运动员必须掌握的重要技术，是比赛时得分的主要手段，一般是在运动员用其他技术获得主动或优势、对方回球出现机会时使用。许多运动员在陷入被动后，常常被迫退后放高球，因此，比赛中经常出现杀高球的场面。如果运动员没有过硬的杀高球技术，常常会丢掉机会。

（2）特点：动作大、力量重是还击高球的一种进攻技术和有效办法。

（3）技术关键：分为慢杀和快杀两种。

①慢杀高球：在下降期用力击球的中上部，击球点在身体前，全身协调发力。

②快杀高球：在上升期用力击球的中上部，击球点在身体前，全身协调发力。

四、中远台拉球

（1）作用：中远台拉球是弧圈类打法运动员必备的基本技术，运用得好运动员可在中远台的相持中占据主动，甚至可以直接得分，也可以在被动退到台后时进行过渡，以便变被动为主动。此外，削球选手也应该很好地掌握此项技术，以便突然反攻，打乱对方的比赛节奏。

（2）特点：动作较大、力量较重、球速较慢、落台后有一定的前冲力。

（3）技术关键：在高点期或下降前期用力击球的中上部，注意打摩结合，击球点在身体前，全身协调发力。

五、中远台攻球

（1）作用：中远台攻球是快攻型运动员必备的基本技术，运用得好运动员可在中远台的相持中占据主动，甚至可以直接得分，也可以在被动退到台后时进行过渡，以便变被动为主动。此外，削球选手也应该很好地掌握此项技术，以便突然反攻，打乱对方的比赛节奏。

（2）特点：站位稍远、照顾面较大、击球动作大、主动发力、回球力量大。

（3）技术关键：在高点期用力击球的中部，击球点在身体前，全身协调发力。

六、正手滑板

（1）作用：正手滑板是指利用身体的假动作或晃动，并配合拍触球时手腕的动作迷惑对方，使对方因为判断失误而丢球或回出质量较差的球，从而为进攻创造条件。

（2）特点：站位近、动作小，突出的是出其不意。

（3）技术关键：拍触球前的动作应与正手快攻的动作相同，在拍触球时利用手腕的突然动作从右向左摩擦球的左侧，以迷惑对方，使其产生错觉。

七、放高球

（1）作用：放高球是运动员在被动时常采取的一种方式。当运动员处于被动时，特别是男运动员经常退到台后放高球。放高球时既可以利用带有一定上旋的、高弧线的、端线附近的球，造成对方回球困难或失误，还可以消耗对方的体力、打乱对方的比赛节奏。

（2）特点：站位远、弧线曲度大、回球高。

（3）技术关键：下降后期击球中上部，回球应尽量长、远，以打到对方端线附近，并反弹后高过对方头为好。

八、正手平挡

（1）作用：正手平挡是应对正手较快的上旋球或离网较近的加转弧圈球的技术，常常在本方位置不合适时使用进行过渡。

（2）特点：落点为近网短球、弧线较低、使对方不易连续进攻。

（3）技术关键：上升期击球中上部，前臂旋内，向前盖住球的右侧中上部，手腕相对固定。

九、正手快推

（1）作用：正手快推与正手平挡一样都是应对正手加转弧圈球的技术。

（2）特点：落点为近网短球、弧线较低、速度较快、力量较大。

（3）技术关键：上升期或高点期击球右侧中上部，前臂旋内，手臂主动向前下方发力。

十、正手拉前冲弧圈球

（1）作用：正手拉前冲弧圈球具有较大的杀伤力，是应对上旋球和不太强烈下旋球的重要手段和主要得分手段。比赛中要合理运用该技术，并巧妙地与拉加转及正手进攻结合，在速度、力量、旋转、落点及节奏中产生变化，这样才能更好地占据主动。

（2）特点：球的弧线低、速度快、上旋强，落台后由于上旋的作用其前冲力较大，并急剧下沉，是一种将速度、旋转很好结合的进攻性技术。

（3）动作要领如下（由右手为例）。

①准备姿势：判断来球，选好站位。（图7-1、图7-2）

图7-1 正手拉前冲弧圈球准备姿势侧面图　图7-2 正手拉前冲弧圈球准备姿势正面图

②引拍：向右转体、转腰，充分带动手臂在向下的同时向后引拍；身体重心放在右脚，球拍适当前倾；左肩朝前，右肩低于左肩，身体更多地向右转动，从而通过向前、向上的重心转移获得向前、向上的力量。（图7-3、图7-4）

图7-3 正手拉前冲弧圈球引拍侧面图　图7-4 正手拉前冲弧圈球引拍正面图

③拍触球：右脚蹬地，将身体重心移至左脚，同时髋、腰、肩向左转动；上臂带动前臂向左前上方发力，球拍适当前倾；球拍向上向前，在高点期用力摩擦球的中上部或中部；击球点在身体前，拍触球时前臂旋内，手腕外展，前臂和手腕加速摩擦；整个动作的发力顺序为腿、腰、肩、上臂、前臂、手腕、手指，注意力的传递，最后将力量全部作用在球上。（图7-5、图7-6）

图7-5 正手拉前冲弧圈球拍触球侧面图　图7-6 正手拉前冲弧圈球拍触球正面图

④顺势挥拍：身体重心完全转至左腿，球拍尽量向前向上继续挥动，使球获得最大旋转。（图7-7、图7-8）

图7-7　正手拉前冲弧圈球顺势挥拍侧面图　　图7-8　正手拉前冲弧圈球顺势挥拍正面图

⑤还原：小碎步调整重心，迅速还原成准备姿势。（图7-9、图7-10）

图7-9　正手拉前冲弧圈球还原侧面图　　　图7-10　正手拉前冲弧圈球还原正面图

十一、正手拉加转弧圈球

（1）作用：正手拉加转弧旋球是应对强烈下旋球、过渡或改变比赛节奏的方法。比赛中对方发球或回击的下旋球出台、本方的接球位置不好或对方回球比较难接、不易发力时，也可以通过正手拉加转弧圈球过渡，为下一板进攻创造条件。

（2）特点：球的飞行弧线较高、球速较慢、上旋旋转强烈、球的稳定性好。

（3）动作要领如下（以右手执拍为例）。

①准备姿势：判断来球，选好站位，左脚稍前，右脚稍后，重心较低。（图7-11、图7-12）

图7-11　正手拉加转弧圈球准备姿势侧面图　　图7-12　正手拉加转弧圈球准备姿势正面图

②引拍：左脚在前，向右转腰带动手臂向下引拍，将重心放至右脚；右肩低于左肩，左肩朝前；腕关节下垂，球拍低于球。（图7-13、图7-14）

图7-13　正手拉加转弧圈球引拍侧面图　　　图7-14　正手拉加转弧圈球引拍正面图

③触球：右脚蹬地，向左转腰，重心从右脚转移到左脚，上臂带动前臂迅速向前上方运动；拍形垂直或稍前倾，下降前期用力摩擦球的中部或中上部；拍触球时前臂旋内，手腕外展，前臂和手腕加速摩擦以增加球的旋转；整个动作的发力顺序为腿、腰、肩、上臂、前臂、手腕、手指，最后将力传递到球上，发力方向以向上为主，略带向前。（图7-15、图7-16）

图7-15　正手拉加转弧圈球拍触球侧面图　　　图7-16　正手拉加转弧圈球拍触球正面图

④顺势挥拍：身体重心完全转移至左腿，球拍尽量向上挥动，使球获得最大旋转。（图7-17、图7-18）

图7-17　正手拉加转弧圈球顺势挥拍侧面图　　　图7-18　正手拉加转弧圈球顺势挥拍正面图

⑤还原：小碎步调整重心，迅速还原成准备姿势。（图7－19、图7－20）

图7－19　正手拉加转弧圈球还原侧面图　　　图7－20　正手拉加转弧圈球还原正面图

十二、正手挑打

（1）作用：正手挑打是进攻型运动员应对下旋近网短球的一项技术，运动员常常通过挑打将下旋球转变成上旋球。使用时应注意落点的变化及与正手摆短、劈长的前期动作的一致性。

（2）特点：动作小，主要靠前臂和手腕发力，主动进攻的意识强，突然性强。

（3）动作要领如下（以右手执拍为例）。

①准备姿势：判断来球，选好站位，站位应在近台。（图7－21、图7－22）

图7－21　正手挑打准备姿势侧面图　　　图7－22　正手挑打准备姿势正面图

②引拍：右脚向右前方上单步，身体右转；手臂伸入台内，以肘为轴，前臂上提、外旋，手腕伸、内收，将球拍引至身体左上方，球拍稍后仰。（图7－23、图7－24）

③拍触球：身体重心前压，前臂与手腕放松；拍触球时，前臂旋内、屈，手腕外展、屈，手指主动用力，触球的中下部（根据自己的战术和对方落点，触及球的左侧中下部、右侧中下部或中下部）；打摩结合，并伴有一定的弹击动作，以增加回球的弧线和速度。回球的落点是关键，如挑直线应该向前上发力，也可滑板，挑斜线应向前上侧方发力。（图7－25、图7－26）

图7-23　正手挑打引拍侧面图

图7-24　正手挑打引拍正面图

图7-25　正手挑打拍触球侧面图

图7-26　正手挑打拍触球正面图

④顺势挥拍：球离手后向前上方顺势挥拍。（图7-27、图7-28）

图7-27　正手挑打顺势挥拍侧面图

图7-28　正手挑打顺势挥拍正面图

⑤还原：右脚足尖点地加小碎步调整重心，迅速还原成准备姿势。（图7-29、图7-30）

图7-29　正手挑打还原侧面图

图7-30　正手挑打还原正面图

第二节 侧身位正手进攻技术

一、侧身拉前冲弧圈球

（1）作用：大部分运动员反手的进攻能力较正手的进攻能力弱，但对方压制本方反手时，该技术可以帮助运动员突破对方的防线，直接得分或占据主动。

（2）特点：球的弧线低、速度快、上旋强。落台后由于上旋的作用其前冲力较大，并急剧下沉，是一种将速度、旋转很好结合的进攻性技术。

（3）动作要领如下（由右手为例）。

①准备姿势：判断来球，选好站位。（图7-31、图7-32）

图7-31 侧身拉前冲弧圈球准备姿势侧面图　　图7-32 侧身拉前冲弧圈球准备姿势正面图

②引拍：右脚蹬地，左脚向左侧迈一大步至球台左侧；腰部发力向右转体，使右脚在左脚之后；向右转体、转腰，充分带动手臂在向下的同时向后引拍；身体重心放在右脚，球拍适当前倾；左肩朝向斜线方向、右肩低于左肩，身体更多地向右转动，从而通过向前向上的重心转换获得向前向上的力量。（图7-33、图7-34）

图7-33 侧身拉前冲弧圈球引拍侧面图　　图7-34 侧身拉前冲弧圈球引拍正面图

③拍触球：右脚蹬地，将身体重心移至左脚，同时髋、腰、肩向左转动；上臂

带动前臂向左前上方发力，球拍适当前倾；球拍向上向前，在高点期用力摩擦球的中上部或中部；击球点在身体前，拍触球时前臂旋内，手腕外展，前臂和手腕加速摩擦；整个动作的发力顺序为腿、腰、肩、上臂、前臂、手腕、手指，注意力的传递，最后将力量全部作用在球上；腰部转动方向、挥拍发力方向和拍面方向对着对方斜线大角度。（图7-35、图7-36）

图7-35　侧身拉前冲弧圈球拍触球侧面图　　图7-36　侧身拉前冲弧圈球拍触球正面图

④顺势挥拍：身体重心完全转移至左腿，球拍尽量向前向上继续挥动，使球获得最大旋转。（图7-37、图7-38）

图7-37　侧身拉前冲弧圈球顺势挥拍侧面图　　图7-38　侧身拉前冲弧圈球顺势挥拍正面图

⑤还原：小碎步调整重心，迅速还原成准备姿势。（图7-39、图7-40）

图7-39　侧身拉前冲弧圈球还原侧面图　　图7-40　侧身拉前冲弧圈球还原正面图

二、侧身拉加转弧圈球

（1）作用：大部分运动员反手的进攻能力较正手的进攻能力弱，但对方用下旋球控制本方反手时，该技术可以帮助运动员突破对方的防线，直接得分或占据主动。

（2）特点：球的飞行弧线较高、球速较慢、上旋旋转强烈、球的稳定性好。

（3）动作要领如下（由右手为例）。

①准备姿势：判断来球，选好站位。（图7-41、图7-42）

图7-41　侧身拉加转弧圈球准备姿势侧面图　　图7-42　侧身拉加转弧圈球准备姿势正面图

②引拍：右脚蹬地，左脚向左侧迈一大步至球台左侧；腰部发力向右转体，使右脚在左脚之后；左脚在前，向右转腰带动手臂向下引拍，将重心转移至右脚；右肩低于左肩，左肩朝斜线方向；腕关节下垂，球拍低于球。（图7-43、图7-44）

图7-43　侧身拉加转弧圈球引拍侧面图　　图7-44　侧身拉加转弧圈球引拍正面图

③拍触球：右脚蹬地，向左转腰，重心从右脚转移到左脚，上臂带动前臂迅速向前上方运动；拍形垂直或稍前倾，下降前期用力摩擦球的中部或中上部。拍触球时前臂旋内，手腕外展，前臂和手腕摩擦球以增加球的旋转；整个动作的发力顺序为腿、腰、肩、上臂、前臂、手腕、手指，最后将力传递到球上，发力方向以向上为主，略带向前；腰部转动方向、挥拍发力方向和拍面方向对着对方斜线大角度。（图7-45、图7-46）

图7-45 侧身拉加转弧圈球拍触球侧面图　　图7-46 侧身拉加转弧圈球拍触球正面图

④顺势挥拍：身体重心完全转至左腿，球拍尽量向前向上继续挥动，使球获得最大旋转。（图7-47、图7-48）

图7-47 侧身拉加转弧圈球顺势挥拍侧面图　　图7-48 侧身拉加转弧圈球顺势挥拍正面

⑤还原：小碎步调整重心，迅速还原成准备姿势。（图7-49、图7-50）

图7 40 侧身拉加转弧圈球还原侧面图　　图7-50 侧身拉加转弧圈球还原正面

第三节　易犯错误及纠正方法

一、上臂夹得过紧

（1）形式：挥拍击球时，上臂夹得过紧。

（2）影响：手臂运动幅度小，不仅造成上臂的力量发不出来，而且无法有效地使身体的力量通过上臂、前臂、手腕、手指最后作用在球上。

（3）纠正方法：

①让运动员将一只手放在腋下击球。

②强调放松上臂，用上臂带动前臂向前上方发力。

③让运动员退到中远台击球，体会上臂发力的感觉。

④教练员站在运动员的身后，用手抓住运动员的手，一起挥臂击球，让运动员被动地体会动作。

二、抬　肘

（1）形式：前臂运动过度，击球后肘高于手。

（2）影响：球出界。

（3）纠正方法：

①让运动员将一只手压在肘关节处击球。

②强调上臂带动前臂向前上方发力。

③让运动员退到中远台击球，体会上臂发力的感觉。

④教练员站在运动员的身后，用手抓住运动员的手，一起挥臂击球，让运动员被动地体会动作。

三、翘　腕

（1）形式：手腕过度紧张，拍头上翘。

（2）影响：手腕部位产生分力，不能使身体其他环节的力全部有效地作用到球上。

（3）纠正方法：

①让运动员手腕微下垂。

②强调击球时手臂、手腕放松，让球拍成为手臂的延长线。

③教练员站在运动员的身后，用手抓住运动员的手，一起挥臂击球，让运动员被动地体会动作。

四、吊　腕

（1）形式：手腕过度放松，拍头下垂。

（2）影响：手腕部位产生分力，不能使身体其他环节的力全部有效地作用到球上。

（3）纠正方法：

①让运动员手腕微上翘。

②强调击球时手臂、手腕适当放松，让球拍成为手臂的延长线。

③击球时，适当握紧球拍过。

④教练员站在运动员的身后，用手抓住运动员的手，一起挥臂击球，让运动员被动地体会动作。

五、击球时拍形外撇

（1）形式：肩关节过早地左转或手腕运动滞后，造成拍形外撇。

（2）影响：力的传递不正确，回球质量差，打不到斜线。

（3）纠正方法：

①建立正确的发力顺序和节奏。

②多练习斜线。

③教练员站在运动员的身后，用手抓住运动员的手，一起挥臂击球，让运动员被动地体会动作。

六、击球时拍形后仰

（1）形式：球拍后仰

（2）影响：无法摩擦球。

（3）纠正方法：

①让运动员了解摩擦球的方法。

②可将食指向球拍中部移动，以帮助压拍。

③击球时要摩擦球，不要撞球。

④教练员站在运动员的身后，用手抓住运动员的手，一起挥臂击球，让运动员被动地体会动作。

七、拉弧圈球时引拍幅度过小，方向不对（以右手为例）

（1）形式：引拍幅度过小，不能根据来球情况及时调整引拍的方向。

（2）影响：回球质量差。

（3）纠正方法：

①教练员站在运动员身后，令其引拍时用球拍接触教练员的身体。

②让运动员退到中远台拉球，以加大引拍距离。

③教练员给运动员发强烈的下旋球，令其用加转弧圈球回击。

八、拉弧圈球时撞球多、摩擦少

（1）形式：摩擦不充分。

（2）影响：回球质量差。

（3）纠正方法：

①让运动员了解击球部位、用力方向、拍面角度等细节。

②在乒乓球的中间穿一根铁丝，仔细体会拍触球时的打摩动作，直到能让带轴的乒乓球产生强烈的旋转。

③教练员站在运动员的身后，用手抓住运动员的手，一起挥臂击球，让运动员被动地体会动作。

九、不能有效地使用腿和身体的力量

（1）形式：只有上肢的动作。

（2）影响：回球质量差。

（3）纠正方法：

①教练员站在运动员身后，两手扶住运动员的髋关节，在运动员练习的正确时机用手转动运动员的髋和腰，以帮助其体会动作。

②让运动员退到中远台拉球，使其体会蹬地、转髋、转腰的动作。

第八章 反手进攻技术

第一节 反手进攻技术类别

一、反手快带

（1）作用：反手快带是横拍运动员反手对付弧圈球的一项基本技术。

（2）特点：动作小、球速快、线路活，借助来球的反弹力量还击，缺乏力量和进攻性。

（3）技术关键：上升期击球中上部，手腕相对固定，控制好拍形，借助来球的力量将球拨回。

二、反手弹

（1）作用：反手弹是横拍运动员的一项较高级技术，它的威胁性较强，适用于应对旋转较弱、速度较慢、质量较差的上旋球。比赛中使用该技术能有效地使对方陷入被动，从而为本方的进攻创造机会。现代较优秀的横拍运动员一般能较好地使用这项技术。

（2）特点：回球力量大、球速快、弧线低、动作小、突然性强。

（3）技术关键：在高点期击球中上部，腰髋左转，身体重心从左脚移到右脚，身体前压，前臂发力。以肘关节为轴，以手指、手腕腕关节为轴，同时向前弹击球，并且应注意在拍触球时握紧球拍，以便充分发力。

三、反手减力

（1）作用：反手减力是横拍运动员的一项主要技术，在比赛中常常将反手拉冲与反手减力配合使用。这两项技术在力量和落点上的差距较大，可以调动对方，使对方在移动中回出质量较差的球或漏出破绽，从而为本文得分提供机会。

（2）特点：回球力量轻、落点短、回球低，当对方远离球台时使用效果较好。

（3）技术关键：上升期击球中上部，并在拍触球时注意摩擦和手臂。手腕稍向后收，以便缓解拍撞击球的力量，更好地控制球。

四、反手快撕

（1）作用：反手快撕是用来应对对方挑过来的上旋球或应用其他技术回击的球。反手快撕是旋转不是很强的上旋球。

（2）特点：球速较快、力量中等、旋转变化小。

（3）技术关键：上升期（球刚刚跳起时就接触球）击球中上部（有时靠近顶部），腰带动并控制手臂、前臂和手腕向前迎击，靠腰和手腕发力将球击出。

五、反手反拉

（1）作用：反手反拉是应对弧圈球的一项技术。比赛时运动员应尽量抢先上手，但当对方运动员抢先上手后，可以用反拉的技术回击。

（2）特点：动作较小、力量较轻、球速较快。

（3）技术关键：上升期击球中上部，动作要小。在平挡的基础上手腕向前用力摩擦球，借力打出球的速度和旋转。

六、反手中台拉前冲弧圈球

（1）作用：反手中远台拉球是弧圈类打法运动员必备的基本技术，运用得好的运动员可在中远台的相持中占据主动，甚至可以直接得分，也可以在被动退到台后进行过渡，以变被动为主动。此外，削球选手也应该很好地掌握此项技术，以便突然反攻，打乱对方的比赛节奏，特别是反手位反削的削球选手，或倒拍使用。

（2）特点：动作较大、力量较重、球速较慢，落台后有一定的前冲力。

（3）技术关键：在高点期或下降前期用力击球的中上部，注意打摩结合，全身协调发力，发力顺序为腿、腰、肩、上臂、前臂、手腕，最后将力量全部作用在球上。

七、反手攻台内短球

（1）作用：反手攻台内短球是目前运动员必备的基本技术，运用得好的运动员可主动上手占据主动，甚至可以直接得分。

（2）特点：动作较小、力量较重、球速较快、落台后有一定的前冲力。

（3）技术关键：在高点期用力击球的中上部，注意打摩结合，在充分运用手腕、前臂力量的同时，注意全身协调发力。

八、反手进攻出台球

（1）作用：在对方球出台时，抓住时机抢先上手，主动发力以争取主动或直接得分。

（2）特点：动作较大、力量较重、球速较快。

（3）技术关键：动作应做充分，以增加挥拍击球的加速度。球拍适当前倾，在高点期用力击球的中上部。注意打摩结合，全身协调发力。

九、反手突击下旋球

（1）作用：反手是生胶的或正胶的横板运动员常用的技术。在比赛中运动员常常用反手突击下旋球，抢先上手，主动发力，以争取主动或直接得分。

（2）特点：动作较小、力量较重、球速较快。

（3）技术关键：在高点期突击。来球下旋较强时，球拍垂直，后稍后仰，触球中下部，可增加摩擦球的力度；来球下旋较弱时，球拍稍前倾，触球中部或中上部，以撞击为主。

十、反手放高球

（1）作用：反手放高球是运动员处于被动时常采取的一种手段。运动员被动时特别是男运动员经常退到台后放高球。放高球时既可以利用带有一定上旋的、高弧线的、端线附近的球，给对方回球造成困难或失误，还可以消耗对方的体力、打乱对方的比赛节奏。

（2）特点：站位远、弧线曲度大，回球高。

（3）技术关键：下降后期击球中上部，上臂向前上方挥动时前臂向上提拉，回球应尽量长、远，以打到对方端线附近，并且球反弹后高过对方头为好。

十一、反手拉前冲弧圈球

（1）作用：反手拉前冲弧圈球具有较大的杀伤力，是应对上旋球和不太强烈下旋球的重要手段和主要得分手段。比赛中运动员要合理地运用该技术，并巧妙地与拉加转及快攻结合，只有在速度、力量、旋转、落点及节奏中产生变化，才能更好地占据主动。

（2）特点：球的弧线低、速度快、上旋强。落台后由于上旋的作用其前冲力较大，并急剧下沉，是一种将速度、旋转很好结合的进攻性技术。

（3）动作要领如下（以右手执拍为例）。

①准备姿势：判断来球，站位近台，左脚稍前。（图8-1、图8-2）

图8-1　反手拉前冲弧圈球准备姿势侧面图　　图8-2　反手拉前冲弧圈球准备姿势正面图

②引拍：两脚平行于台面，膝关节弯曲，重心在两脚之间；向左转腰、转髋，使右肩和右胯靠近球台；引拍至两腿之间，手腕向下向后引拍；手臂稍向左后方引拍，肘关节向前突出，手腕屈、内收，拍头朝下（机会球可将拍头朝向自己怀里），拍形稍前倾；球拍高度视来球的情况而定，一般低于来球的高度。（图8-3、图8-4）

图8-3　反手拉前冲弧圈球引拍侧面图　　图8-4　反手拉前冲弧圈球引拍正面图

③拍触球：膝关节蹬伸，髋部和肩部右转；上臂带动前臂向上、向前运动，球拍适当前倾，用手腕的力量加速向前，高点期或上升期用力摩擦球的中上部；拍触球时前臂旋外、伸，手腕伸、外展，利用前臂、手腕向前、向上摩擦球使球获得最大旋转；整个动作发力顺序为腿、腰、肩、上臂、前臂、手腕、手指，身体协调配合将力量全部作用在球上。（图8-5、图8-6）

图8-5 反手拉前冲弧圈球拍触球侧面图

图8-6 反手拉前冲弧圈球拍触球正面图

④顺势挥拍：击球后，球拍拍头向上、向右顺势挥动，重心移至右脚。（图8-7、图8-8）

图8-7 反手拉前冲弧圈球顺势挥拍侧面图

图8-8 反手拉前冲弧圈球顺势挥拍正面图

⑤还原：小碎步调整重心，手臂放松，还原成准备姿势。（图8-9、图8-10）

图8-9 反手拉前冲弧圈球还原侧面图

图8-10 反手拉前冲弧圈球还原正面图

十二、反手拉加转弧圈球

（1）作用：反手拉加转弧圈球是应对强烈下旋球、过渡或改变比赛节奏的方法。比赛中对方发球或回击的下旋球出台、本方的接球位置不好或对方回球比较难接、不易发力时，也可以通过反手拉加转弧圈球过渡，为下一板进攻创造条件。

（2）特点：球的飞行弧线较高、球速较慢；上旋旋转强烈，球的稳定性好。

（3）动作要领如下（以右手执拍为例）。

①准备姿势：判断来球，选好站位，左脚稍前，重心较低。（图8-11、图8-12）

②引拍：左脚在前，转腰；右肩低于左肩；腕关节下垂，球拍低于球。向左转腰、转髋，将重心放至两脚之间；沉肩垂臂，肘关节向前突出，手臂向下引拍；手腕屈、内收，拍头朝下，拍形稍前倾；球拍高度视来球的情况而定，一般低于来球高度；尽量加大球拍与球之间的距离，以增大加速距离。（图8-13、图8-14）

图8-11　反手拉加转弧圈球准备姿势侧面图　　图8-12　反手拉加转弧圈球准备姿势正面图

图8-13　反手拉加转弧圈球引拍侧面图　　图8-14　反手拉加转弧圈球引拍正面图

③拍触球：伸展膝关节，向右转髋转肩；上臂带动前臂，使球拍向前、向上挥动；拍形稍前倾，下降前期用力摩擦球的中部或中上部；拍触球时前臂旋外、伸，手腕伸、外展，使其产生最大上旋；整个动作发力顺序为腿、腰、肩、上臂、前臂、手腕、手指，最后将力传递到球上，发力方向以向上为主，略带向前（如果对方来球旋转较强，应多向上摩擦，旋转不强则应多向前发力）。（图8-15、图8-16）

图8-15　反手拉加转弧圈球拍触球侧面图　　图8-16　反手拉加转弧圈球拍触球正面图

④顺势挥拍：球离手后，顺势挥拍使球拍拍头朝上，球拍在身体的右侧。（图8－17、图8－18）

图8－17　反手拉加转弧圈球顺势挥拍侧面图　　　图8－18　反手拉加转弧圈球顺势挥拍正面图

⑤还原：小碎步调整重心，迅速还原成准备姿势。（图8－19、图8－20）

图8－19　反手拉加转弧圈球还原侧面图　　　图8－20　反手拉加转弧圈球还原正面图

十三、反手拧拉

（1）作用：反手拧拉是进攻型运动员应对下旋近网短球的一项技术。运动员常常通过拧拉将反手、中路、正手的下旋球短球转变成上旋球，从而直接得分，使用时应注意落点的变化及与下一板的衔接。

（2）特点：动作较小、力量较重、球速较快、落台后有一定的前冲力。

（3）动作要领如下（以右手执拍为例）。

①准备姿势：判断来球，站位近台。（图8－21、图8－22）

图8－21　反手拧拉准备姿势侧面图　　　图8－22　反手拧拉准备姿势正面图

②引拍：右腿向前迈一步，身体左转，右侧身体略靠近球台，重心放在两腿之间；肩关节旋内，肘关节旋内、屈，肘关节向前突出；腕关节屈、内收；球拍伸进球台，拍头朝向自己怀里，稍前倾。（图 8 - 23、图 8 - 24）

图 8 - 23　反手拧拉引拍侧面图

图 8 - 24　反手拧拉引拍正面图

③拍触球：蹬地、转腰、转髋，上臂带动前臂向前上方迎球；手臂在身体的配合下以最快速度向前上挥动，前臂旋外、伸，手腕伸、外展，动作应做充分；在高点期用力击球的中上部，注意打摩结合，全身协调发力；发力顺序为腿、腰、肩、上臂、前臂、手腕，最后将力量全部作用在球上。（图 8 - 25、图 8 - 26）

图 8 - 25　反手拧拉拍触球侧面图

图 8 - 26　反手拧拉拍触球正面图

④顺势挥拍：球离手后，向前上方顺势挥拍。（图 8 - 27、图 8 - 28）

图 8 - 27　反手拧拉顺势挥拍侧面图

图 8 - 28　反手拧拉顺势挥拍正面图

⑤还原：右脚足尖点地加小碎步调整重心，迅速还原成准备姿势。（图 8 - 29、图 8 - 30）

图 8-29　反手拧拉还原侧面图

图 8-30　反手拧拉还原正面图

十四、反手削球

（1）作用：反手削球是防守型打法运动员应用的主要技术，以旋转变化为主，可以削出反手转与不转。如果在旋转变化的基础上，再与落点变化很好地配合，可以调动对方，增加对方回球的难度，以达到直接得分或伺机反攻的目的。

（2）特点：击球点低、动作较大、速度较慢、旋转变化大。

（3）动作要领如下（以右手为例）。

①准备姿势：判断来球，选好站位。左脚稍前，离台约 1 米以外。（图 8-31、图 8-32）

图 8-31　反手削球准备姿势侧面图

图 8-32　反手削球准备姿势正面图

②引拍：身体左转，重心放在左脚上；肩关节内收，肘关节屈，上臂和前臂上提、旋内，将球拍引至身体左上方；拍头朝斜上方，球拍接近垂直。（图 8-33、图 8-34）

图 8-33　反手削球引拍侧面图

图 8-34　反手削球引拍正面图

③拍触球：身体右转，重心向右脚转移；随着身体的右转，上臂带动前臂、手腕向右下方加速用力，同时前臂内旋、伸，手腕内收；球拍稍后仰，下降后期用球拍的远端摩擦球的中下部（根据对方的来球情况进行调整，如果对方来球旋转较强，触球中部，反之触球中下部）；要注意腿、腰、上臂、前臂、手腕之间的协调用力和力的传递；正手削不转球时，用球拍的近端推送球的中部。（图8-35、图8-36）

图8-35 反手削球拍触球侧面图

图8-36 反手削球拍触球正面图

④顺势挥拍：球离手后顺势向右下方挥拍。（图8-37、图8-38）

图8-37 反手削球顺势挥拍侧面图

图8-38 反手削球顺势挥拍正面图

⑤还原：调整重心，并迅速还原成准备姿势。（图8-39、图8-40）

图8-39 反手削球还原侧面图

图8-40 反手削球还原正面图

第二节 易犯错误及纠正方法

一、站位不对（以右手为例）

（1）形式：右脚在前，左脚在后。

（2）影响：不利于与正手技术衔接，更不利于侧身抢攻。

（3）纠正方法：

①让运动员了解正确站位的意义。

②暂时多打斜线。

二、体外击球

（1）形式：击球点在身体之外。

（2）影响：不利于发力、降低回球的准确性。

（3）纠正方法：

①单线练习时教练员站在运动员的体侧，使其只要引拍至体侧就会碰到教练员的身体。

②教练员站在运动员的身后，用手抓住运动员的手，一起做击球动作，让其被动地体会动作。

③学会盯球，提前移动，以保证及时移动到位。

三、引拍过低（以右手为例）

（1）形式：引拍过低。

（2）影响：向前的力量不足，造成回球质量低，甚至回球失误或漏球。

（3）纠正方法：

①让运动员了解引拍的意义和目的。

②在乒乓球的中间穿一根铁丝，让运动员仔细体会拍触球时的打摩动作，体会球拍运行的轨迹。

③教练员站在运动员的身后，用手抓住运动员的手，一起做击球动作，让其被动地体会动作。

四、手臂过直（以右手为例）

（1）形式：引拍时屈肘不够、迎球时肘部提前向前运动，造成拍触球时上臂与前臂的夹角较小。

（2）影响：较严重地影响了前臂力量的发挥和身体各关节力的有效传递，造成回球质量差。

（3）纠正方法：

①让运动员了解击球时正确的肘关节夹角。

②在乒乓球的中间穿一根铁丝，让运动员仔细体会拍触球时的打摩动作，体会肘关节的动作。

③教练员站在运动员的身后，用手抓住运动员的手，一起做击球动作，让其被动地体会动作。

五、抬　肘

（1）形式：肘部抬得过高。

（2）影响：挥拍轨迹错误，造成回球质量下降，甚至回球失误。

（3）纠正方法：

①让运动员用手按住肘关节击球，以免其过度上翘。

②教练员站在运动员的身后，用手抓住运动员的手，一起做击球动作，让其被动地体会动作。

六、上臂夹得过紧

（1）形式：上臂夹得过紧。

（2）影响：上臂的力量发挥不出来，影响回球质量。

（3）纠正方法：

①让运动员将一只手放在腋下击球。

②让运动员了解正确的发力顺序和方法。

③让运动员退到中远台击球，体会上臂发力的感觉。

④教练员站在运动员的身后，用手抓住运动员的手，一起挥臂击球，让运动员被动地体会动作。

第九章　搓削技术

第一节　搓球技术

一、正手搓球

（1）作用：正手搓是正手搓球技术的统称，包括快搓和慢搓，高水平运动员还有摆短和劈长。运动员可以利用正手慢搓与快搓相结合、摆短与劈长相结合的战术，主动改变击球节奏、回球的旋转和回球的落点，为自己主动进攻创造机会。

（2）特点：动作、速度、旋转均可以依据战术意图有所变化。

（3）动作要领如下（以右手为例）。

①准备姿势：判断来球，站位近台。（图9-1、图9-2）

图9-1　正手搓球准备姿势侧面图　　　图9-2　正手搓球准备姿势正面图

②引拍：右脚向右前方上单步，身体右转，手臂伸入台内；以肘为轴，前臂上提、外旋，手腕外展；向后上方引拍，将球拍引至身体左上方，球拍稍后仰。（图9-3、图9-4）

图9-3　正手搓球引拍侧面图　　　　图9-4　正手搓球引拍正面图

③拍触球：身体左转，手臂迅速向前下方迎球。球拍稍后仰，根据战术意图在上升期（快搓、摆短）、高点期（劈长）或下降前期（慢搓）击球中下部。拍触球时，前臂外旋、伸，手腕内收，利用上臂前送的力量，前臂和手腕加速向前下方用力摩擦球。击球时，应根据对方来球情况进行适当的调整：来球下旋旋转较强，应触球偏底部的位置，并应多向前发力；反之，应触球偏中部，并多向下用力。此外，还需要根据自身战术进行调整：摆短需快速向下摩擦，短促而有力；劈长需上臂带动前臂向前下方"砍球"。（图9-5、图9-6）

图9-5　正手搓球拍触球侧面图　　　　图9-6　正手搓球拍触球正面图

④顺势挥拍：球离手后向前下方顺势挥拍。（图9-7、图9-8）

图9-7　正手搓球顺势挥拍侧面图　　　　图9-8　正手搓球顺势挥拍正面图

⑤还原：小碎步调整重心，迅速还原成准备姿势。（图9-9、图9-10）

图9-9 正手搓球还原侧面图

图9-10 正手搓球还原正面图

二、反手搓球

（1）作用：反手搓球是反手搓球技术的统称，包括快搓和慢搓，高水平运动员还有摆短和劈长。运动员可以利用反手慢搓与快搓相结合、摆短与劈长相结合的战术，主动改变击球节奏、回球的旋转和回球的落点，为自己主动进攻创造机会。

（2）特点：动作、速度、旋转均可以依据战术意图有所变化。

（3）动作要领如下（以右手为例）。

①准备姿势：判断来球，站位中近台。（图9-11、图9-12）

图9-11 反手搓球准备姿势侧面图

图9-12 反手搓球准备姿势正面图

②引拍：右腿向前迈一步，身体左转，重心放在两腿之间；以肘为轴，前臂上提，向后上方引拍，将球拍引至身体左上方；前臂内旋，球拍稍后仰；右侧身体略靠近球台。（图9-13、图9-14）

图9-13 反手搓球引拍侧面图

图9-14 反手搓球引拍正面图

③拍触球：身体右转，前臂前伸；前臂内旋、伸，球拍稍后仰；手腕向前，在高点期或下降前期摩擦球中下部，前臂和手腕加速向前下方用力摩擦。击球时，应根据对方来球情况进行适当调整，来球下旋旋转较强，应触球偏底部的位置，并应多向前发力；反之，应触球偏中部，并多向下用力。（图9-15、图9-16）

图9-15　反手搓球拍触球侧面图

图9-16　反手搓球拍触球正面图

④顺势挥拍：球离手后向前下方顺势挥拍。（图9-17、图9-18）

图9-17　反手搓球顺势挥拍侧面图

图9-18　反手搓球顺势挥拍正面图

⑤还原：小碎步调整重心，迅速还原成准备姿势。（图9-19、图9-20）

图9-19　反手搓球还原侧面图

图9-20　反手搓球还原正面图

三、搓球类技术

（一）摆　短

（1）作用：摆短是目前各种类型打法运动员都必须掌握的技术，摆短技术掌握得好可以有效地抑制对方运动员威力较大的进攻，并为本文的进攻创造机会。

（2）特点：弧线低，落点短，应对近网的下旋球比较容易，应对长球或旋转不强的下旋球比较难，并且必须有其他技术相配合，否则在对方适应后易陷入被动。

（3）技术关键：球拍稍后仰，上升期击球中下部或底部，触球时运动员手腕和前臂用力很小，主要借助对方来球的反弹力将球击出。

（二）劈 长

（1）作用：劈长是比赛中比较常用的搓球技术。运用正手劈长技术可以搓出又长又急的下旋球，最好能使球的落点在对方的端线附近。这种球由于使对方感觉来球"顶"球拍，从而使对方难以发力。运动员在比赛中如果能将该技术与摆短技术巧妙结合，可以充分地调动对方，为本方的进攻创改造机会。

（2）特点：回球弧线高度较低、速度较快、落点长。

（3）技术关键：与其他搓球技术相比，该技术球拍稍垂直，上升期或高点期击球中下部，上臂带动前臂向前下方"砍球"，以前臂发力为主，触球时运动员前臂和手腕用力向前下方摩擦球。注意应打摩结合，使球产生向前的速度。

（三）撇 搓

（1）作用：撇搓是比较高级的搓球技术。运用撇搓可以搓出侧旋球，从而使回球改变节奏和线路。撇搓技术掌握得好的运动员可以有效地抑制对方运动员威力较大的进攻，并为本方的进攻创造机会。

（2）特点：回球向侧拐。

（3）技术关键：球拍稍后仰，高点期或下降前期触球左侧中下部，触球时运动员前臂和手腕用力向左摩擦球，手腕前顶，伸手腕，使球拍更好地贴住球，以增大向左的摩擦时间，增加球的侧旋强度（以正手撇搓，右手执拍为例）。

四、基本练习

（一）模仿动作

目的：通过视觉、听觉等感官感知正确的动作，使运动员能较好地掌握基本技术。

方法：通过听教练员讲解、看教练员示范及优秀运动员的正手攻球动作的技术录像，感知正确动作，并尽量去模仿。

1．慢　搓

（1）作用：慢搓是防守型打法运动员主要采取的一种搓球技术。进攻型运动员可以利用慢搓与快搓相结合的战术，主动改变击球节奏和回球的旋转，为本方主动进攻创造机会。

（2）特点：动作较大、速度较慢、旋转较强。

（3）正手慢搓技术关键：高点期或下降前期击球中下部，大拇指压拍（直拍），前臂外旋、伸，手腕屈（横拍内收），前臂和手腕加速向前下方用力摩擦球。击球时应根据对方来球情况进行适当的调整：来球下旋旋转较强，应触球偏底部的位置，并应多向前发力；反之，应触球偏中部，并多向下用力。正手搓斜线的动作要领基本与正手搓直线相同，只是拍触球时的拍形角度对着对方斜线大角度，发力方向为左前下方。

（4）反手慢搓技术关键：高点期或下降前期击球中下部，大拇指压拍，前臂内旋、伸，手腕伸（横拍内收），前臂和手腕加速向前下方用力摩擦球。击球时应根据对方来球情况进行适当的调整：来球下旋旋转较强，应触球偏底部的位置，并应多向前发力；反之，应触球偏中部，并多向下用力。反手搓斜线的动作要领与反手搓直线基本相同，只是拍触球时的拍形角度对着对方斜线大角度，发力方向为右前下方。

2．快　搓

（1）作用：快搓是进攻型打法运动员主要采取的一种搓球技术。运用快搓技术可以缩短对方准备击球的时间，将快搓与其他搓球技术巧妙地结合，能主动改变击球节奏，为本方主动进攻创造机会。

（2）特点：动作较小、速度快、变化多。

（3）正手快搓技术关键：上升期击球中下部，利用上臂前送的力量，前臂和手腕适当向前下方发力摩擦球。击球时应根据对方来球情况进行适当的调整：来球下旋旋转较强，应触球偏底部的位置，并应多向前发力；反之，应触球偏中部的位置，并多向下用力。

（4）反手快搓技术关键：球拍稍后仰，上升期击球中下部，利用上臂前送的力量，前臂和手腕适当向前下方发力摩擦球。击球时应根据对方来球情况进行适当的调整：来球下旋旋转较强，应触球偏底部的位置，并应多向前发力；反之，应触球偏中部的位置，并多向下用力。在高点期用力击球的中部，击球点在身体前，全身协调发力。

（二）把手练习

目的：在外力的帮助下让运动员体会身体各部位的协调配合，在无球的情况下初步掌握反手动作。

方法：教练员手把手让运动员进行搓球相应动作的训练，此时教练员的动作是主动的，运动员的动作是被动的。

要求：让运动员体会拍触球时的动作细节和肌肉感觉。

（三）徒手练习

目的：让运动员体会身体各部位的协调配合，在无球的情况下初步掌握动作。

方法：在教练员的口令下运动员有节奏地进行练习，并逐渐与不同的步法相结合。

要求：

（1）运动员应集中注意力，注意教练员的动作，特别是动作细节。

（2）运动员应注意移动（特别是前后移动）时手法和步法的配合。

（四）自抛自打

目的：让运动员体会球垂直弹起时的球性和击球时全身的协调配合。

方法：运动员用不执拍手将球抛到球台合适的位置，待球弹起后，按正确的搓球动作将球击回，并注意体会拍触球的动作。随着运动员动作的稳定，可要求球弹起的点不断变化，以便在移动中进一步掌握动作。

要求：

（1）运动员根据球的反弹情况，在正确的时间击球，并注意击球动作的准确性和稳定性。

（2）教练员可要求运动员将球击打到固定的区域内，并随着运动员技术水平的提高，要求其根据要求变化落点。教练员可在台面上画好每个落点的区域，且区域的面积逐渐减小，以提高运动员击球的准确性。

（五）多球练习

目的：让运动员体会动作细节及身体各部位的协调配合。

方法：教练员站在运动员的对面用多球供球。运动员按准备姿势的要求面对球台站好，按照规则的要求进行回击。运动员注意击球动作的细节和全身的协调配合，熟练后应注意多球落点的变化。

要求：

（1）教练员供球时一定要尽量让自己击出的球在速度、力量、旋转、落点等方面与正式比赛对手的击球质量一致，并随着运动员技术水平的提高，击球质量应高于较强对手的击球质量，以达到锻炼运动员、更快地提高运动员技术水平的目的。

（2）击球的落点和区域从有规律到无规律。注意让运动员在半台内两个落点间左右移动击球、前后移动击球、前后左右移动击球。待运动员熟悉后可以扩展到2/3台、全台，击球点可以扩展到3个、4个甚至更多。

（3）运动员回球落点应注意变化和准确。

（六）双人对练

目的：让运动员体会动作细节和身体各部位的协调配合。

方法：陪练站在对面用搓球供球，运动员按正确的搓球动作进行练习，应先斜线再直线、先出台再不出台。

要求：

（1）运动员不能静止不动地打球，应注意小碎步的使用和中心的还原。

（2）开始时应注意球速较慢，旋转不要太强烈，且落点稳定，重点在于让运动员体会击球时的动作细节和全身的协调配合。随着运动员水平的提高，教练员应逐渐提高回球的质量，以促进运动员技术水平的不断提高。

（3）待运动员单线掌握后，可让运动员在半台、2/3台、全台移动中练习搓球，特别应注意前后方向的移动，同时也应注意练习的循序渐进。

（4）对运动员的回球落点应加以限制，较好的落点为球不从端线、边线出台或在底线附近。

第二节　削球技术

一、正手削球

（1）作用：正手削球是防守型打法运动员运用的主要技术，以旋转变化为主，可以削出正手转与不转。如果在旋转变化的基础上，再与落点变化很好地配合可以调动对方，增加对方回球的难度，以达到直接得分或伺机反攻的目的。

（2）特点：击球点低、动作较大、速度较慢、旋转变化大。

（3）动作要领如下（以右手为例）。

①准备姿势：判断来球，选好站位，左脚稍前，离台约1米以外。（图9-21、图9-22）

图9-21　正手削球准备姿势侧面图　　　　图9-22　正手削球准备姿势正面图

②引拍：身体右转，重心放在右脚上；肩关节外展，肘关节屈，上臂和前臂上提、旋外，将球拍引至身体右上方；拍头朝上，球拍接近垂直。（图9-23、图9-24）

图9-23　正手削球引拍侧面图　　　　　　图9-24　正手削球引拍正面图

③拍触球：身体左转，重心向左脚转移；随着身体的左转，上臂带动前臂，手腕向左下方加速用力，同时前臂外旋、伸，手腕内收；球拍稍后仰，下降后期用球拍的远端摩擦球的中下部（根据对方的来球情况进行调整，如果对方来球旋转较强，触球中部，反之触球中下部）。要注意腿、腰、上臂、前臂、手腕之间的协调用力和力的传递。正手削不转球时，用球拍的近端推送球的中部。（图9-25、图9-26）

图9-25　正手削球拍触球侧面图

图9-26　正手削球拍触球正面图

④顺势挥拍：球离手后顺势向前下方挥拍。（图9-27、图9-28）

图9-27　正手削球顺势挥拍侧面图

图9-28　正手削球顺势挥拍正面图

⑤还原：调整重心，并迅速还原成准备姿势。（图9-29、图9-30）

图9-29　正手削球还原侧面图

图9-30　正手削球还原正面图

二、反手削球

（1）作用：反手削球是防守型打法运动员运用的主要技术，以旋转变化为主，可以削出反手转与不转。如果在旋转变化的基础上，再与落点变化很好地配合可以调动对方，增加对方回球的难度，以达到直接得分或伺机反攻的目的。

（2）特点：击球点低、动作较大、速度较慢、旋转变化大。

（3）动作要领如下（以右手为例）。

①准备姿势：判断来球，选好站位，左脚稍前，离台约 1 米以外。（图 9 - 31、图 9 - 32）

图 9 - 31 反手削球准备姿势侧面图

图 9 - 32 反手削球准备姿势正面图

②引拍：身体左转，重心放在左脚上；肩关节内收，肘关节屈，上臂和前臂上提、旋内，将球拍引至身体左上方；拍头朝斜上方，球拍接近垂直。（图 9 - 33、图 9 - 34）

图 9 - 33 反手削球引拍侧面图

图 9 - 34 反手削球引拍正面图

③拍触球：身体右转，重心向右脚转移；随着身体的右转，上臂带动前臂、手腕向右下方加速用力，同时前臂内旋、伸，手腕内收；球拍稍后仰，下降后期用球拍的远端摩擦球的中下部（根据对方的来球情况进行调整，如果对方来球旋转较强，触球中部，反之触球中下部）。要注意腿、腰、上臂、前臂、手腕之间的协调用力和力的传递。反正手削不转球时，用球拍的近端推送球的中部。（图 9 - 35、图9 - 36）

图 9 - 35 反手削球拍触球侧面图

图 9 - 36 反手削球拍触球正面图

④顺势挥拍：球离手后顺势向右下方挥拍。（图9－37、图9－38）

图9－37　反手削球顺势挥拍侧面图

图9－38　反手削球顺势挥拍正面图

⑤还原：调整重心，并迅速还原成准备姿势。（图9－39、图9－40）

图9－39　反手削球还原侧面图

图9－40　反手削球还原正面图

三、削球类技术

（一）削追身球

（1）作用：削追身球是削球运动员必备的技术，也是难度较大的技术。由于来球离身体较近，手臂常常由于身体的限制而不易发力，如果回球控制得不好，就会为对方进攻创造更好的机会。因此，削球运动员必须在对方来球直追身体时，及时让位，以便能回出高质量的球，从而抑制对方的连续进攻。

（2）特点：来球多为突击球或质量较高的弧圈球，重在控制，收腹、转腰、让位是关键。

（3）技术关键：球拍稍后仰，下降后期击球中下部，上臂带动前臂，手腕向左下方加速用力。由于来球一般质量较高，多为突击球，因此，应以前臂和手腕发力为主。不要过多地向前送球，而应动作短促，以借力为主，重在控制弧线，抑制对方的连续进攻（以正手削追身球，右手执拍为例）。

（二）削突击球

（1）作用：削突击球是削球运动员的一项重要技术，也是难度较大的技术。快攻型运动员常常在轻拉球或放短球之后，或在对搓中出现机会时突击。由于前一板球与突击球的差距较大，处理不当就会为对方连续进攻创造机会，甚至使对方直接得分。因此，削球运动员必须有灵活的步法、准确的判断和较好的控制能力，才能顶住对方的突击，变被动为主动。

（2）特点：来球速度快、冲力较大，重在控制，跑动到位是关键。

（3）技术关键：球拍垂直，下降期击球中部，整个手臂从上向左下方用力切球。拍触球时手腕不要转动，压球的力量多于前送的力量，控制好球，借助对方来球的反弹力将球击回（以正手削突击球，右手执拍为例）。

（三）削前冲弧圈球

（1）作用：削前冲弧圈球是削球运动员的一项重要技术，也是难度较大的技术。弧圈球运动员常常在轻拉球或放短球之后，或在对搓中出现机会时拉出质量较高的前冲弧圈球。由于前一板球与前冲弧圈球的差距较大，处理不当就会为对方连续进攻创造机会，甚至使对方直接得分。因此，削球运动员必须有灵活的步法、准确的判断和较好的控制能力，才能变被动为主动。

（2）特点：来球上旋强、弧线曲度小、前冲力大，因此，本技术击球时间晚、击球点低、动作大，应较好地利用对方来球的力量。

（3）技术关键：球拍垂直，下降后期击球中部，随着身体的左转，上臂带动前臂向前下方用力，手腕相对固定。拍触球时应做到先压后削最后送，借助来球的力量将球击回，同时应做好弯腰、屈膝的辅助发力的动作（以正手削前冲弧圈球，右手执拍为例）。

（四）削加转弧圈球

（1）作用：削加转弧圈球是削球运动员的一项基本技术，也是难度较大的技术。削球运动员必须较好地处理加转弧圈球，才能在比赛中占据主动。

（2）特点：来球上旋极强，拍触球后向上的反弹力大。

（3）技术关键：与前冲弧圈球基本相同，但由于来球的旋转较强，因此，在触球时应避开来球的强转区，尽可能地触及靠近旋转轴的部位，最简单的办法就是逢斜变直（对方来球是斜线，我方回击直线）、逢直变斜（对方来球是直线，我方回击斜线）（以正手削加转弧圈球，右手执拍为例）。

（五）削转与不转球

（1）作用：高水平的削球运动员可以运用极相似的手法削出加转球和不转球，从而达到迷惑对方、为自己进攻创造机会的目的，甚至可以造成对方判断失误而直接得分。

加转球是削好转与不转球的基础。运动员在比赛中要想迷惑对手，就必须首先削好加转球，因为只有加转球的旋转强烈，才能造成与不转球的强烈反差，而这种差异越大，效果越好。

不转球是削好转与不转球的关键。运动员在比赛中要想迷惑对手，就必须有与削加转球动作和球速都极为相似的不转球，只有这样才能达到迷惑对方、造成对方失误或为自己的进攻创造条件的目的。削不转球与削加转球越相似，效果越好。

（2）特点：球速较慢、旋转变化大。

（3）技术关键：

加转球：球拍稍后仰，下降后期用球拍前端的左侧面击球中下部，随着身体的左转，上臂带动前臂，手腕向左下方加速用力（以正手削加转球，右手执拍为例）。

不转球：球拍稍后仰，下降后期用球拍前端的右侧接触球，推弹球的中部，且不摩擦球。手感较好的运动员可以让来球在球拍上多停留一会儿，等来球旋转减弱后再将球推出，进一步迷惑对方，使其将卸力的过程误认为是加力的过程（以正手削不转球，右手执拍为例）。

（六）削轻拉球

（1）作用：削轻拉球是指削球运动员回击对方拉过来的力量较小或上旋较弱的球，是削球运动员的一项基本技术。

（2）特点：通过落点变化和旋转变化提高回球的质量。

（3）技术关键：球拍稍后仰，在高点期或下降前期触球中部偏下的部位。运动员可以根据本方和对方的情况灵活地运用削转与削不转球的战术或逼角战术（回球弧线低，角度大），来迫使对方失误或打出机会球（以正手削轻拉球，右手执拍为例）。

四、基本练习

（一）模仿动作

目的：通过视觉、听觉等感官感知正确的动作，以便运动员能较好地掌握基本技术。

方法：通过听教练员讲解、看教练员示范及优秀运动员的正手攻球动作的技术录像，感知正确动作，并尽量去模仿。

1．近　削

（1）作用：近削的回球速度较快，如果与落点变化很好地配合可以调动对方，增加对方回球的难度，以达到直接得分、伺机反攻的目的。

（2）特点：站位较近、动作较小、击球点高、回球速度快。

（3）技术关键：球拍稍后仰，高点期或下降前期击球中下部，随着身体左转，前臂外旋、伸，手腕内收，利用上臂前送的力量，前臂和手腕加速向前下方用力摩擦球（以正手近削，右手执拍为例）。

2．远　削

（1）作用：远削以旋转变化为主，如果与落点变化很好地配合可以调动对方，增加对方回球的难度，以达到直接得分、伺机反攻的目的。

（2）特点：击球点低、动作较大、速度较慢。

（3）技术关键：球拍稍后仰，下降后期击球中下部（根据对方的来球情况进行调整，如果对方来球旋转较强，触球中部，反之触球中下部）；上臂带动前臂、手腕向左下方加速用力（以正手远削，右手执拍为例）。

（二）与搓球练习相同的练习

把手练习、徒手练习及移动中徒手练习、自抛自打、多球练习、双人练习。

（三）用拉小上旋陪练及用拉小上旋陪练移动练习

目的：让运动员体会动作细节和身体各部位的协调配合。

方法：陪练站在对面用拉小上旋供球（先正手位，再侧身位，最后追身；先斜线，再直线），运动员按正确的正反手动作进行练习，待动作较正确稳定后，在移动中练习削球。

要求：

（1）开始时教练员应注意球速较慢、旋转较弱、落点稳定，重点在于让运动员体会击球时的动作细节和全身的协调配合。随着运动员水平的提高，教练员应逐渐提高供球的质量（速度、力量、旋转），最后改为拉高吊或前冲弧圈球陪练，并要求运动员将球回到固定的区域内，以促进运动员技术水平的不断提高。

（2）单线练习时，运动员应注意用小碎步等步法保持击球点正确；跑动练习时应注意手法和步法的配合，特别是身体重心的位置。

第三节　易犯错误及纠正方法

一、上臂夹得过紧

（1）形式：上臂夹得过紧。

（2）影响：使上臂的力量发挥不出来，影响回球质量。

（3）纠正方法：

①让运动员将一只手放在腋下击球。

②让运动员建立正确的动作概念，学会上臂击球后及时放松的方法。

③教练员站在运动员的身后，用手抓住运动员的手，一起挥臂击球，让运动员被动地体会动作。

二、拍形不对

（1）形式：过度后仰或后仰不够。

（2）影响：

①拍触球时，拍形角度过度后仰，拍触球的底部，如果摩擦球较好，常常因为没有给球向前的力量而使球的打出距离过短；如果没有摩擦球而是将球托起，就会使球出界或出高球。

②拍触球时，拍形角度后仰不够，拍触球的中部，常常因为摩擦球的时间较短而使球下网，或撞击球。

（3）纠正方法：

①让运动员了解正确的动作结构。

②在乒乓球的中间穿一根铁丝，让运动员仔细体会拍触球时的打摩动作，直到能让带轴的乒乓球产生强烈的旋转，体会拍触球时的角度。

③教练员站在运动员的身后，用手抓住运动员的手，一起挥臂击球，让运动员被动地体会动作。

三、削球时引拍不够高

（1）形式：引拍不够高。

（2）影响：无法完成"压"的动作，造成回球质量差或直接失误。

（3）纠正方法：

①让运动员前臂上引，加大击球距离。

②让运动员了解根据来球旋转，变化引拍高度的原理。

③教练员站在运动员的身后，用手抓住运动员的手，一起挥臂击球，让运动员被动地体会动作。

四、削球手臂发力多，腰、膝配合少

（1）形式：只有上肢动作。

（2）影响：回球质量低或直接失误。

（3）纠正方法：

①让运动员了解动作结构和动作发力顺序。

②强调身体动作的重要性。

③适当减少手腕发力，保证相对稳定，加大腰、膝的力量。

第十章 组合技战术

第一节 左右移动组合技术

技术特点：运用滑步、跨步、单步等横向移动步法居多，跑动范围较大，重心与动作转换幅度大；进攻性强，衔接性强，连续性强。

一、两点/三点，正手跑位拉冲

（一）第一板技术

（1）引拍：用脚步移动来寻找击球位置，重心转换，跟随重心完成手臂的引拍动作。根据来球的弧线，调整引拍的位置。

（2）击球：明确发力方向与击球部位后，蹬腿转腰发力，依次带动上臂、前臂、手指集中发力。依靠重心带动整体发力。

（3）还原：击球完毕后，提前预判下一板来球位置，顺势蹬腿还原。保持重心稳定，脚步处于起动状态，衔接好步法，准备下一板连续。

（二）衔接板技术

（1）引拍：通过滑步、单步等步法进行脚步移动，寻找击球位置。移动过程中重心优先到位，并在脚步移动过程中进行引拍，待脚步落地后完成手臂引拍动作。根据来球的弧线，调整引拍的位置。

（2）击球：明确发力方向与击球部位后，蹬腿转腰发力，依次带动上臂、前臂、手指集中发力。依靠重心带动整体发力。

（3）还原：击球完毕后，提前预判下一板来球位置，顺势蹬腿还原。保持重心稳定，脚步处于起动状态，衔接好步法，准备下一板连续。

（三）技术动作关键点

（1）移动过程中保证重心的稳定及重心的充分转换。

（2）衔接过程中保持脚步的起动状态。

（3）根据来球速度与衔接速度控制动作幅度。

二、左推右攻（以右手为例）

（一）第一板技术（反手技术）

（1）引拍：用脚步移动寻找击球位置，重心稳定，站位在左半台。根据来球的弧线，调整引拍的位置。肘关节固定，手腕内旋放松，尽量贴近身体。

（2）击球：明确发力方向与击球部位后，重心稳定，上身前倾，肘关节固定，形成支点，带动前臂手腕发力击球。

（3）还原：击球完毕后，顺势蹬腿还原，保持重心稳定，脚步处于起动状态，准备下一板向右方移动，手臂动作及握拍方式做好向正手位转换的准备工作。

（二）衔接板技术（正手技术）

（1）引拍：通过滑步、跨步、单步等步法向右方移动，寻找击球位置。移动过程中重心要优先到位，并在脚步移动过程中进行引拍，待脚步落地后完成手臂引拍动作，保证拍形的快速转换。根据来球的弧线，调整引拍的位置。

（2）击球：明确发力方向与击球部位后，依靠重心带动整体发力。蹬腿转腰，依次带动上臂、前臂、手指集中发力。

（3）还原：击球完毕后，顺势蹬腿还原，保持重心稳定，脚步处于起动状态，准备下一板向左方移动，手臂动作及握拍方式做好向反手位转换的准备工作。

（三）技术动作关键点

（1）移动过程中保证重心的稳定及重心的充分转换。

（2）衔接过程中保证上肢动作及拍形的快速稳定转换。

（3）保证左右转换过程中击球点的一致。

第二节　前后移动组合技术

技术特点：运用跨步、单步等纵向移动步法居多，跑动范围较大，重心与动作转换幅度大，技术形式变化大；衔接性强，连续性强。

一、摆短技术、衔接抢拉技术

（一）第一板摆短技术

（1）引拍：预判对方球的落点，通过脚步移动寻找击球位置，重心到位，上步充分，上肢前倾，手臂动作跟随身体相对固定。

（2）击球：明确发力方向与击球部位后，在球的上升前期击球。重心稳定，腿部蹬力，上肢前倾，上臂固定，前臂、手腕集中发力。

（3）还原：击球完毕后，快速向后方蹬腿还原。在移动过程中保持重心稳定、上肢前倾状态。预判球的落点，保持脚步处于起动状态，准备衔接拉冲技术。

（二）衔接板抢拉技术

（1）引拍：通过脚步移动寻找击球位置，移动过程中重心优先到位，并在脚步移动的过程中进行引拍，待脚步落地后完成手臂引拍动作。根据来球的弧线，调整引拍的位置与幅度。

（2）击球：明确发力方向与击球部位后，蹬腿转腰，依次带动上臂、前臂、手指集中发力。依靠重心带动整体发力。

（3）还原：击球完毕后，预判下一板来球位置，顺势蹬腿还原。保持重心稳定，脚步处于起动状态，衔接好步法，准备下一板连续进攻。

（三）技术动作关键点

（1）第一板摆短技术上步充分，保证重心到位。

（2）在蹬力向后的移动步法中，始终保持重心的前倾状态。

（3）在摆短与拉冲的转换过程中，保证手臂动作转换的稳定。

二、第一板拧拉技术、衔接进攻技术

（一）第一板拧拉技术

（1）引拍：预判对方球的落点，通过脚步移动来寻找击球位置，重心到位，上步充分，上肢前倾。肘关节固定，手腕充分内旋放松，适度贴近身体。

（2）击球：明确发力方向与击球部位后，在球上升的高点击球。腿部蹬力，上肢前倾，肘关节形成支点，带动前臂、手腕外旋发力击球。

（3）还原：击球完毕后，快速向后方蹬腿还原。移动过程中保持重心稳定、上肢前倾状态。预判球的落点，保持脚下起动状态，准备衔接进攻技术。

（二）衔接进攻技术

（1）引拍：通过脚步移动寻找击球位置，移动过程中重心优先到位，并在脚步移动过程中进行引拍，待脚落地后完成手臂引拍动作。根据来球的弧线，调整引拍的位置与幅度。

（2）击球：明确发力方向与击球部位后，蹬腿转腰，依次带动上臂、前臂、手指集中发力。依靠重心带动整体发力。

（3）还原：击球完毕后，提前预判下一板来球位置，顺势蹬腿还原。保持重心稳定，脚步处于起动状态，衔接好步法，准备下一板连续进攻。

（三）技术动作关键点

（1）第一板摆短技术上步充分，保证重心到位。

（2）蹬腿向后的移动步法中，始终保持重心的前倾状态。

（3）摆短与拉冲的转换过程中，保持手臂动作转换的稳定。

第三节　混合移动组合技术

技术特点：多回合，多方位，移动方式多元，跑动范围大；击球方式综合性强，整体衔接性强。

一、推、侧、扑

（一）推挡衔接侧身

（1）引拍：在左半台运用反手技术击球后，快速还原，利用滑步顺势侧身，重心优先到位，在脚步的移动过程中完成引拍。引拍环节保持上肢稳定，保持球与身体的合理距离，留出合理且充分的击球空间。

（2）击球：明确发力方向与击球部位后，蹬腿转腰，依次带动上臂、前臂、手指集中发力。依靠重心带动整体发力。

（3）还原：击球完毕后，快速蹬腿，保持重心稳定快速地还原。脚步处于起动状态，准备衔接步法向右大范围移动。

（二）扑正手技术

（1）引拍：在完成侧身技术击球后，利用垫步或小碎步，准备衔接交叉步向右方或右后方大幅度移动。重心交换，上肢前倾，手臂自然放松，根据来球调整引拍位置，完成引拍。

（2）击球：将靠近来球方向的脚作为支撑脚，远离来球方向的脚根据来球方向跨出一大步，落地的同时完成转腰、收臂、击球，另一只脚在击球完毕后迅速跟进。

（3）还原：快速回蹬至还原位，保持身体平衡。脚步处于起动状态，随时准备下一板的连续进攻。

二、摆短衔接拉冲后全台进攻

（一）摆短衔接拉冲

（1）引拍：通过上步完成摆短技术后，迅速向后蹬腿发力。移动过程中保持重心稳定，上肢前倾，完成拉冲引拍。保持球与身体的合理距离，留出合理且充分的击球空间。

（2）击球：明确发力方向与击球部位后，蹬腿转腰，依次带动上臂、前臂、手指集中发力。依靠重心带动整体发力。

（3）还原：击球完毕后，快速蹬腿，保持重心稳定快速地还原。脚步处于启动状态，准备衔接一下板进攻技术。

（二）全台进攻技术

（1）引拍：在完成摆短衔接拉冲技术的击球后，通过脚步调整，找到击球位置，重心交换，上肢前倾，手臂自然放松，根据来球调整引拍位置，完成引拍。

（2）击球：明确发力方向与击球部位后，蹬腿转腰，依次带动上臂、前臂、手指集中发力。依靠重心带动整体发力。根据来球速度调整动作幅度。

（3）还原：快速回蹬至原位，保持身体平衡，脚步处于起动状态，随时准备下一板的连续进攻。

（三）技术动作关键点

（1）在脚步衔接移动的过程中，始终保持重心的稳定与上肢的前倾状态。

（2）在前后左右的移动过程中，保证重心优先转换，避免手快于脚。

（3）在大范围的移动过程中，利用小碎步与垫步来辅助其他步法。

第四节　发抢技术

一、发球后正手抢拉技术

技术特点：主动性强，进攻范围广，可具备较强的连续性。发球后，充分运用正手抢拉技术，配合大范围的跑动，可完成全台落点的高质量拉冲，大幅度提高此战术的杀伤力。

（一）技术动作标准

（1）发球：根据自身的战术套路选择与下一板抢攻技术配套的发球方式。发球完毕后快速还原，保持起动状态。根据发球的落点和旋转，预判下一板的来球位置。脚步要提前移动，做充分引拍准备。

（2）引拍：在脚步移动的过程中进行引拍，通过脚步移动寻找击球位置，重心转换，在移动的过程中完成手臂的引拍动作。根据来球的弧线，调整引拍的位置。

（3）击球：明确发力方向与击球部位后，蹬腿转腰发力，依次带动上臂、前臂、手指集中发力。如来球角度较大，可运用交叉步，在交叉步的前交叉脚落地时击球发力。

（4）还原：击球完毕后，蹬腿还原，保证重心快速归位。上肢稳定，手臂处于放松状态。

（二）技术动作关键点

（1）发球方式要与下一板的正手进攻技术配套，做好充分的准备。
（2）在脚步移动的过程中，充分放松，完成引拍。
（3）击球瞬间明确发力方向，掌握好摩擦与撞击的比例。

二、发球后侧身位抢拉技术

（一）技术动作标准

（1）发球：根据本方的战术套路选择与下一板抢攻技术配套的发球方式，通过提高发球质量增加对方回击自身侧身位的概率。发球完毕后快速还原，保持起动状态。根据发球的落点和旋转，预判下一板的来球位置，站位可偏近侧身位半台。
（2）引拍：在脚步移动的过程中进行引拍，通过脚步移动寻找击球位置，充分将侧身位让开，预留足够的发力击球的空间。在移动的过程中完成重心的转移与手臂的引拍动作。
（3）击球：持拍手一侧脚蹬地，转腰发力，带动上肢完成发力击球。击球完毕后，重心转移至持拍手另一侧腿。
（4）还原：持拍手一侧脚迅速回蹬，完成重心还原，保持脚步处于起动状态。

（二）技术动作关键点

（1）发球后要进行预判，脚步须提前移动。
（2）在侧身位的移动过程中要保证重心的稳定，充分让开位置，留出发力空间。
（3）在击球过程中，双腿的重心转移时要充分蹬地，击球完毕后重心转移至持拍手另一侧腿。

三、发球后反手抢拉技术

技术特点：出球速度快，旋转强，突然性强；移动范围较小，具备充分的连续性。

（一）技术动作标准

（1）发球：根据本方的战术套路选择与下一板抢攻技术配套的发球方式。发球后，保持重心前倾，快速还原，脚步保持起动状态。

（2）引拍：根据来球位置，移动脚步，调整位置，在移动找位过程中进行引拍，引拍过程中肘关节架起，形成支点，手腕内旋放松，尽量贴近身体。

（3）击球：双脚蹬地，腰部小幅度转动发力，带动肘关节，带动前臂手指外旋发力。击球点适当靠近身体，增加击球力量与稳定性。

（4）还原：击球后，保持身体平衡，手臂快速还原。

（二）技术动作关键点

（1）发球后，快速移动还原，并保持收腹、重心前倾的状态。

（2）引拍过程中，充分利用肘关节的力量，手腕内收充分。

（3）击球点应贴近身体，保证合理的击球距离。

第五节　接发抢技术

技术特点：反控制能力强，反攻性强。通过技战术配合，由被动转为主动，破坏对手发抢段优势。

一、控制技术后衔接抢拉技术

（一）控制技术后正手抢拉

（1）搓球：通过搓球技术进行摆短，形成台内下旋短球，迫使对手使用控制技术回击，降低对手回球质量。搓球完成后快速后撤，留出下一板加力的空间。

（2）引拍：在脚步的移动过程中，完成引拍。在移动过程中保持球与身体的合理距离。正手位的来球可采取并步或交叉步，侧身位的来球在运用并步之前可增加小碎步与垫步的辅助。在引拍过程中，手臂自然放松，根据来球调整引拍幅度。

（3）抢拉：蹬腿转腰，充分运用重心的力量击球，击球瞬间手指、手腕集中用力。

（4）还原：保持身体平衡，快速还原，随时准备下一板的连续进攻。

（二）控制技术后反手抢拉

（1）搓球：通过搓球技术进行摆短，形成台内下旋短球，迫使对手使用控制技术回击，降低对手回球质量。搓球完成后快速移动至反手位半台，预判来球位置，保持身体与球台的合理距离。

（2）引拍：在脚步的移动过程中，完成引拍。在移动过程中保持弯腰、收腹、重心前倾。在手臂引拍的过程中，肘关节相对架高，手臂充分内旋，击球点适当靠近身体。

（3）抢拉：击球前保证脚步与身体到位，双脚蹬地，腰部小幅度转动发力，依次带动肘关节、前臂、手指外旋发力。击球点适当靠近身体，以增加击球力量与稳定性。

（4）还原：保持身体平衡，快速还原，随时准备下一板的连续进攻。

（三）技术动作关键点

（1）在控制技术后衔接进攻技术脚步后移过程中，始终保持重心的前倾状态。

（2）在衔接过程中，始终保持脚步的起动状态，充分利用小碎步的衔接与调整。

（3）采用进攻技术时应保证脚步、重心提前到位。

二、进攻技术后衔接抢拉技术

（一）进攻技术后正手抢拉

（1）拧拉或挑打：根据对方发球的旋转与落点，选择拧拉或挑打的进攻方式。进攻后迅速利用脚步移动还原，站位偏向反手位半台，留出相对较大的击球空间，以跟进后续的连续正手进攻。

（2）引拍：在移动过程中迅速完成引拍，根据来球的质量调整引拍幅度，根据来球弧线调整引拍位置。保持手臂与身体的合理距离。

（3）抢拉：快速转移重心，向前蹬腿发力，手上动作发力集中。发力方向充分向前，保持连续性。

（4）还原：保持身体平衡，快速还原，准备下一板的连续进攻。

（二）进攻技术后反手抢拉

（1）拧拉或挑打：根据对方发球的旋转与落点，选择拧拉或挑打的进攻方式。进攻后迅速利用脚步移动还原，移动至反手位半台，站位适当贴近球台。

（2）引拍：在球的在移动过程中迅速完成引拍，保持重心前倾。肘关节相对架高，引拍位置适当抬高。

（3）抢拉：高点期或上升后期击球，发力方向充分向前，重心压低，保持连续性。利用前臂与手指、手腕的加速提高击球质量。

（4）还原：保持身体平衡，快速还原，准备下一板的连续进攻。

（三）技术动作关键点

（1）在进攻技术后衔接抢拉技术脚步后移过程中，始终保持重心前倾状态。

（2）在快速衔接过程中，根据来球的速度与节奏，调整自身的动作幅度。

（3）采用进攻技术时应保证脚步、重心提前到位。

第六节　相持技战术

技术特点：对抗性强，变化性强。通过技术形态的转换与配合，在力量、落点、节奏、线路、旋转等相关要素中，牵制对手，获取得分。

一、调右压左或调左压右

（1）第一板技术：进入相持阶段后，通常率先提高单板击球质量，通过高质量的击球压制对手，运用落点与线路的威胁充分将对手调动至左或右半台。

（2）衔接板技术：在第一板技术成功运用后，迅速衔接跟进下一板连续进攻技术。在跟进的衔接进攻中，击球路线与击球落点与上一板成相反方向的压制，运用两板之间快速衔接的威胁与落点线路调动的威胁，占据主动。

（3）战术要点：线路清晰，落点精确，出球速度要快，角度要大，两板球间的衔接不卡顿。

二、压中路追身调动两边

（1）第一板技术：进入相持阶段后，通过高质量的击球压制对方中路追身位，将对手压制在中路位，迫使对方让位移动。

（2）衔接板技术：在第一板技术成功运用后，迅速衔接跟进下一板连续进攻技术。在跟进的衔接进攻中，击球路线与击球落点去向球台的两个斜角大角度，运用两板之间快速衔接的威胁与落点线路调动的威胁，占据主动。

（3）战术要点：线路清晰，落点精确，攻击中路位置时注意落点要追身，两板球间的衔接不卡顿。

三、轻重球结合战术

（1）第一板技术：在相持过程中，首先采取力量变化，如减轻力量、拉近落点、放慢节奏，将对手由原来站位牵至近台。

（2）衔接板技术：在第一板技术成功运用后，迅速衔接跟进下一板连续进攻技术。在跟进的衔接进攻中，通过主动变化、增加击球力量、加快击球节奏，拉长击球弧线，通过上下落点的变化与节奏、力量的变化，压制对手。

（3）战术要点：保证轻、重力量的结合，快、慢节奏的结合，以及长、短弧线结合的灵活性与准确性，根据对手站位合理调整、变化。

第十一章　裁判员基本法则

第一节　乒乓球比赛规则中的基本概念

一、定　义

（1）回合：球处于比赛状态的一段时间。

（2）比赛状态：从球被抛起前静止状态的最后一瞬间起，球即处于比赛状态，直到这个回合被判为重发球或得1分。但从球在发球员不执拍手上静止的最后一刻起，直至其用发球动作把球抛起前的这一段时间，并不定义为球处于比赛状态。因此，如果球在抛起前，意外从发球员手中滚落下来，对方运动员不能得分，因为球还没进入比赛状态。同样的原因，一名运动员可能将球放在不执拍手上，静止地抓住它，但之后想变换他的发球方式，而移动到另一个位置上去发球，如果他在变换发球位置前，没有把球向上抛起，对方运动员也不能得分。一旦球进入了比赛状态，它将保持比赛状态，直到裁判员判定这个回合是重发球或得分为止。球处在比赛区域之外或在灯光水平之上但没有触及它，这时球没有脱离比赛状态；但如果对方运动员的最后撞击使球超越了运动员的台区或超越了端线，而没有触及台区，这时球结束比赛状态。

（3）重发球：不予判分的回合。

（4）1分：判分的回合。

（5）执拍手：正握着球拍的手。比赛中运动员可以用左右手交替执拍来击球，因为，正拿着球拍的手就是执拍手。但运动员不可以左右手各拿一块球拍来比赛，因为，这样不能保证运动员比赛中所使用的球拍在使用前被对方运动员和裁判员检查过。

（6）不执拍手：未握着球拍的手。

（7）击球：用握在手中的球拍或执拍手手腕以下部分触球。比赛中假如运动员的球拍掉了，如果他企图用刚才拿着球拍的手击球将是不合法的。同样，运动员也不能将球拍扔出去击球，球拍一旦脱手就不是合法的击球工具。

（8）阻挡：对方击球后，在比赛台面上方或向比赛台面方向运动的球，在没有触及本方台区也未越过端线之前即触及本方运动员或其穿戴的任何物品，如图 11 - 1 所示。如果球越过了端线，已通过边线或从台面方向离开时被运动员拦击，都不是阻挡，如图 11 - 2 所示。

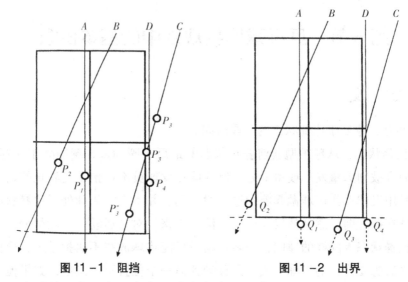

图 11 - 1　阻挡　　　　　　　　图 11 - 2　出界

（9）发球员：在一个回合中，首先击球的运动员。

（10）接发球员：在一个回合中，第二个击球的运动员。

（11）裁判员：被指定管理一场比赛的人。

（12）副裁判员：被指定在某些方面协助裁判员工作的人。

（13）运动员穿或戴的任何物品包括他在一个回合开始时穿或戴的任何物品，但不包括比赛用球。

（14）越过或绕过球网装置：除了乒乓球从球网和比赛台面之间通过，以及从球网和网架之间通过的情况外，球均应被视为已越过或绕过球网装置，如图 11 - 3 所示。

图 11 -3　越过或绕过球网装置

（15）球台的端线包括端线两端的无限延长线。

二、合法发球

（1）发球开始时，球自然地置于不执拍手的手掌上，手掌张开，保持静止。合法发球如图 11 -4 所示，发球犯规如图 11 -5 所示。

图 11 -4　合法发球

图 11 -5　发球犯规

（2）发球员须用手把球几乎垂直地向上抛起，不得使球旋转，并使球在离开不执拍手的手掌之后上升不低于 16 厘米，球下降到被击出前不能碰到任何物体，如图 11 -6 所示。

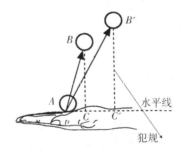

图 11 -6　抛球高度及垂直度

（3）当球从抛起的最高点下降时，发球员方可击球，使球首先触及本方台区，然后越过或绕过球网装置，再触及接发球员的台区。在双打中，球应先后触及发球员和接发球员的右半区。不合法发球如图 11 -7 所示，合法发球如图 11 -8 所示。

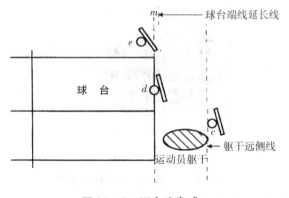

图 11 - 7　不合法发球

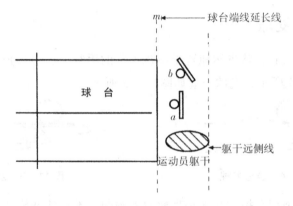

图 11 - 8　合法发球

（4）从发球开始，到球被击出，球要始终在比赛台面的水平面以上和发球员的端线以外，并且不能被发球员或其双打同伴的身体或衣服的任何部分挡住。

（5）运动员发球时，应让裁判员或助理裁判员看清他是否按照合法发球的规定发球。

①在任何情况下，裁判员对运动员发球合法化有怀疑，在一场比赛中第一次出现时将进行警告，不罚分。

②在同一场比赛中，如果该运动员或其双打同伴发球动作的正确性再次受到怀疑，不论是否出于同样的原因，均判接发球方得 1 分。

③无论是否是第一次或任何时候，只要发球员明显没有按照合法发球的规定发球，接发球方将被判得 1 分，无须对发球方提出警告。

（6）运动员因身体上原因而不能严格遵守发球的某些规定时，可由裁判员做出决定免于执行。

（7）保持执行发球规则的一致性是十分重要的，但由于目前发球规则较复杂，因此在执行发球规则的一致性方面始终存在困难。有时裁判员有一种自然倾向，即把注意力更多地放在那些他们认为最容易检查的方面。要消除这种倾向，裁判员应牢记各条规则的目的，并且努力保证在这个目的下执行规则。

（8）发球规则中有关不执拍手的规定：

①规则要求发球员的不执拍手伸平、张开，是为了确定发球员不能以任何方式握住球，以避免运动员在向上抛球时使球旋转。在执行规则时，裁判人员的注意力不应该放在诸如发球员不执拍手展开时精确的弯曲度这样的细节上，而应该注意球是否是随意地放在手掌上。

②为了使球在这个阶段清晰可见，规则规定，球必须静止地处于比赛台面的水平面之上。不执拍手不得出静止状态又下降到低于比赛台面，再向上做连贯的抛球动作。如果在高于比赛台面后不再停顿一下，这个发球就是不合法的。

③从发球开始到向上抛球，球必须始终位于发球员的端线之后，但不是指整个不执拍手。因此，运动员的手臂或不执拍手的某些部位可以在比赛台面的上方，但球必须明显地在端线之后。

（9）关于抛球的规定：

①发球员必须近乎垂直地向上抛球，并使球在离开不执拍手手掌后至少上升16厘米，这意味着球的上升只能在垂直方向几度的角度范围之内，而不是以前所允许的45度角，同时，应有足够的高度使裁判员确信抛球是向上的，而不是向旁边或向斜上方的。

② 16厘米的底线比网稍高，球网是一个方便的参照物。

（10）有关无遮挡发球的规定：

①新发球规则的基本点是要求发球员发球的整个过程让接发球员、裁判员或副裁判员能够看见。裁判人员应看见发球员一向上抛球就立即将他的不执拍手清楚地从可见区域内移开。

②开始发球时，球必须在比赛台面之上。对接发球员在整个发球过程中是否能看清球拍，规则没有做出规定。在开始发球时将球拍隐藏是完全合法的，如将球拍放在发球员的背后。

③如果击球靠近端线或靠近运动员的身体，要求裁判员或副裁判员从他们处于与球网一条直线的位置来判断击球是否犯规是不现实的，但运动员有责任让裁判员或副裁判员看清楚他的发球动作是否合法，如果发球靠近端线，他将有被判罚的危

险。击球三角区域示意图如图 11 –9 所示。

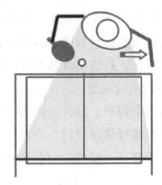

图 11 –9 击球三角区域示意图（来自国际乒联网站）

（11）有关发球警告的规定：

①裁判员在对发球员发球的合法性产生怀疑，但并不确定时应给予警告，而不判罚，特别是在没有副裁判员执法的情况下。但比赛中只可以给予一次警告，如果在以后的比赛中再次产生怀疑，无论原因是否相同，将判对方运动员得 1 分。但裁判员应注意在警告发球时无须出示黄牌。

②如果一名发球员的发球动作只是勉强可以接受，不管是否已给予正式警告，不反对裁判员在回合和回合之间，非正式地向该运动员提出劝告，明确地告诉运动员，他的发球稍一过度就会成为不合法发球。

③运动员没有权力要求对他的首次不合法发球给予警告，无论任何时候运动员明显地未按照规则要求发球时，裁判人员都应毫不犹豫地判其失 1 分。

④裁判人员无权忽视那些看来并不能给发球员带来任何好处的发球犯规，也没有理由忽略发球员的首次犯规。因为在以后的比赛中，或者在比赛的关键时刻，类似的犯规可能再度出现，而如果这时判罚，运动员就可能因为以前没有指出这样的发球是犯规的，而提出合理的抗议。

三、合法还击

对方发球或还击后，本方必须击球，使球直接越过或绕过球网装置，或触及球网装置后再触及对方台区。

四、比赛次序

（1）在单打比赛中，首先由发球员合法发球，再由发球员合法还击，然后两者交替合法还击。

（2）在双打比赛中，首先由发球员合法发球，再由接发球员合法还击；然后由发球员的同伴合法还击，再由接发球员的同伴合法还击。此后，运动员按此次序轮流合法还击。

第二节　乒乓球比赛的胜负机制

一、重发球

回合出现下列情况应判重发球：

（1）如果发球员发出的球在越过或绕过球网装置时触及球网装置，此后被合法发球或被接发球员或其同伴阻挡。

（2）如果接发球员或同伴未准备好，球已发出，而且接发球员或其同伴均没有企图击球。

（3）发生了运动员无法控制的干扰，而使运动员未能合法发球、合法还击或遵守规则。

（4）裁判员或副裁判员可以在下列情况下暂停比赛：

①由于要纠正发球，接发球次序或方位错误。

②由于要实行轮换发球法。

③由于警告或处罚运动员。

④由于比赛环境受到干扰，以致该回合结果有可能受到影响。

（5）双打比赛中，运动员发球或接发球的次序发生错误。

（6）重发球的主要目的是当某种可能影响该回合结果的情况发生时，终止该回合而不予判分。但还有些情况也必须暂时停止比赛，如纠正比分错误，发球次序或接发球次序错误，时限到以及执行轮换发球法等。

（7）关于发球擦网的解释：

①重发球最常见的原因是：发出的球在越过或绕过球网装置时，触及了球网装置，如果合法发球触及了球网装置，球落在接发球员正确的台区内，或被接发球员或其同伴阻挡，该回合应判为重发球。如果球不是落在接发球员正确的台区内，也未被接发球员或其同伴阻挡，则判发球员失1分。

②一旦裁判员和副裁判员看见球触及球网装置，应叫重发球，同时，手臂高举

过头。当回合的结果已经清楚时，裁判员应判重发球或得 1 分。

③不管裁判员还是副裁判员认为发球擦网，都必须重发球，即使只是怀疑合法发球擦网，也应宣布重发球，而不是让比赛继续下去。因为这时总有一名或更多的运动员也同样怀疑发球擦网了，这样会影响他们全身心地投入比赛。

④一名运动员将合法发球看成擦网时，有时会举手或用手抓住球，并要求裁判员判重发球，裁判员通常会判重发球，特别是发球员也同意对方运动员的意见时。但是裁判员应该让运动员清楚，裁判员没有义务这样做，在裁判员或副裁判员没有宣布重发球时，运动员应该继续比赛，并举手示意。

（8）有关中断的解释：

①重发球的另一个原因是裁判员认为某些干扰可能影响该回合的结果，如外界球进入赛场，或者是足以影响到比赛运动员的突然喧闹。这种情况最好是立即宣布重发球，而不要等到该回合结束，再去决定干扰是否起作用。

②回合进行过程中偶然出现不测事件，一般不应判重发球。例如，双打中运动员由于与同伴相撞，或者比赛中被挡板绊倒而未能合法还击，不能判重发球。但如果不测事件扰乱了比赛条件，可能造成对方运动员不利，可以判重发球。

（9）关于未准备好的解释：如果接发球方未做好准备，只要他没有试图接球，裁判员就可以判重发球。但是，接发球员未击球本身不能证明判重发球是正确的，裁判员必须判定接发球员确实是没有准备好，还是他只是不愿意接似乎难接的发球，应当鼓励接发球员在他们尚未做好准备时举手示意。

二、1 分

除被判重发球的回合，下列情况运动员得 1 分：

（1）对方运动员未能合法发球。

（2）对方运动员未能合法击球。

（3）合法发球或合法还击后，对方运动员在击球前，球触及了除球网装置以外的任何物体。

（4）对方运动员击出的球已越过端线或比赛台面，该球没有触及本方台区，而越过本方端线。

（5）对方阻挡。

（6）对方连击。

（7）对方运动员用不符合规定的拍面击球。

（8）对方运动员或其穿戴的任何物品使球台移动。

（9）对方运动员或其穿戴的任何物品触及球网装置。

（10）对方运动员不执拍手触及比赛台面。

（11）双打比赛中，对方运动员击球次序错误。

（12）实行轮换发球法时，接发球方连续13次合法还击，包括接发球。

（13）1分的判定。

①每个回合除重发球外必须判分，规则规定了判分的各种不同的依据，一个回合的关键通常在于球脱离比赛状态的那一瞬间，裁判员应该谨防根据自己的预测来做出判定，因为该回合的结果可能与他的判定完全不同。例如，球可能被运动员击得远离球台，很显然不会触及对方的比赛台面，但裁判员判分必须等到该回合结束，因为在此之前双方运动员都有可能得分，假如在这种情况下，对方在球还在比赛状态时移动了球台，将球打飞的那个运动员将得分，尽管他的还击可能会失误。

②不是所有的得分都像未能合法发球或合法还击那样直接与比赛有关。例如，当一名运动员打了一个要制胜的球，但球尚未脱离比赛状态时，他的执拍手不小心触及了比赛台面或移动了比赛台面，他将失去1分而不再考虑他的对手是否能合理还击。

③裁判员绝不能在规则规定的条文以外判分。例如，他认为由于某个不正当的行为，一名运动员应该被奖赏1分，而另一名应该受罚。裁判员的所有判决都应该有相应的规则依据。因此，裁判员应当仔细研究，理解所有可以判1分的规则条文。

④某些犯规并不自动导致比赛的终止，该回合必须通过裁判员的报分来终止。为使运动员清楚裁判员终止比赛的原因，裁判员或副裁判员应当解释其原因，并且最好用规范的语言解释。

（14）擦边：

①裁判员或副裁判员必须判定一个触及球台边缘的球是触及了球台的上表面还是触及了球台的侧面，球在触及球台前后的飞行路径能够帮助裁判员或副裁判员做出正确的判定。例如，球先飞过了比赛球台，再触及球台的边缘为好球，但如果球触及台边后仍从低于比赛台面水平面以下的方向向上升高，则可以认为是触及了比赛台面的侧面。

②最难判定的擦边球是从外侧飞向比赛台面的，而且这个球的弧线又高于台面的水平面，原则上来讲没有什么好的方法可以直接认定球是触及了比赛台面还是侧面，但比较好的方法是：如果球触及了球台边缘后向上飞行，有理由认为它触及了比赛台面；反之，如果继续向下，则可能球触及了球台的侧面。

③副裁判员对最靠近他一侧的擦边球有最终的决定权。如果他相信球触及比赛球台的侧面，应该叫"侧面"，裁判员必须判最后击球者的对方运动员得 1 分。只有裁判员能决定在端线和他一侧的擦边球。

（15）怀疑：

①裁判员肯定自己所做出的判定是正确的，就不应该仅因为运动员认为是错的而进行改判。但是，如果裁判员坚持自己的判定，而对此双方运动员都强烈反对，裁判员就应思考自己的判定是否正确，做出决策。裁判员判罚不公还可能有这样的风险，即受益的运动员在发球或回击球时故意失 1 分来表示对裁判员判罚不公平的不满，这将削弱裁判员的权威。

②在任何情况下，不考虑仅有一名运动员提出的改判要求，因为他可能由改判而受益，即使对方运动员不反对也不予考虑。一旦下一个回合开始，就不允许提出改判的要求，除非双方运动员都坚持认为判罚是错误的，这时裁判员可以接受并理智地加以纠正。

③如果裁判员怀疑一名运动员可能犯规，但他肯定对方运动员不会因此而受到不利影响，那么裁判员可以不中断比赛。但是如果有一名运动员因为怀疑对方运动员犯规没有受到惩罚，而导致注意力分散则该回合应该被暂停，但可不判失分，而判重发球。

三、一局比赛

在一局比赛中，先得 11 分的一方为胜方。10 平后，先多得 2 分的一方为胜方。

四、一场比赛

一场比赛应由奇数局组成。

第三节　乒乓球比赛中机会均等原则的体现

一、发球（或接发球）和方位

（1）赛前由抽签决定选择发球（或接发球）和方位的权力，中签者可以选择先发球（或先接发球），或选择先站在某一边比赛。当一方运动员选择了先发球（或先接发球），或选择了先站在某一边比赛后，另一方运动员应进行另一种选择。

（2）在获得 2 分之后，接发球方即成为发球方，依次类推，直至该局比赛结束，或者直至双方比分都达 10 分或实行轮换发球法，这时，发球和接发球次序仍然不变，但每人只轮发 1 分球。

（3）在双打的第一局比赛中，先发球方确定第一发球员，再由先接发球员确定第一接发球员。在以后的各局比赛中，第一发球员确定后，第一接发球员应是前一局发球给他的运动员；此后，每次换发球时，前面的接发球员应成为发球员，前面的发球员的同伴应成为接发球员。在 A、B 对 X、Y 的一场双打比赛中，只有两种击球次序，即 A—X—B—Y—A…… 和 A—Y—B—X—A……。但次序可以根据该场比赛不同阶段所做出的选择由四名运动员中的任何一名开始。建议裁判员记录下比赛开始时的击球次序和每一局比赛的第一发球员，以便发生错误时能够参照其进行纠正。

（4）一局中首先发球的一方在该场下一局应首先接发球。在双打决胜局中，当一方先得 5 分时，接发球方应交换接发球次序。

（5）一局中在某一方位比赛的一方，在该场下一局应换到另一方位。在决胜局中，一方先得 5 分时，双方应交换方位。

二、纠正错误

（1）裁判员一旦发现发球、接发球次序错误，应立即暂停比赛，并按该场比赛开始时确定的次序，按场上比分，由正确的运动员发球或接发球；双打比赛中，则按发现错误时那一局中首先有发球权的一方所确立的次序进行纠正，继续比赛。

（2）裁判员一旦发现运动员应交换方位而未交换时，应立即暂停比赛，并按该场比赛开始时确定的次序，按场上比分对运动员的方位进行纠正，再继续比赛。

（3）任何情况下，发现错误之前的所有得分均有效。

（4）在回合进行的过程中，如运动员或裁判员发现错误，裁判员应立即中断比赛，宣布该回合重发球，而不必等到球处于非比赛状态再处理问题。

（5）通常可根据场上比分来确定下一个回合应由哪位运动员发球，哪位运动员接发球。但在双打比赛中，没有唯一"正确"的发球员和接发球员，假如一局比赛应该首先发球的一方没有先发球，裁判员就无法弄清发球方哪位运动员为第一发球员。如果这样的事情发生了，裁判员应该立即要求在发生错误的一局首先有权力发球的一方运动员确定他们之中哪位运动员是第一发球员，然后按照这个顺序，按照场上比分，计算出下一个回合哪位运动员是发球员、哪位运动员是接发球员，最后按照正确的次序恢复比赛。

第四节　轮换发球法

（1）轮换发球法的目的是防止双方运动员或配对消极比赛而导致比赛过分持久的一种规则方法。如果一局比赛进行了 10 分钟仍未结束（双方都已获至少 9 分除外），或者在此之前任何时间双方运动员要求，应实行轮换发球法。轮换发球法一经实行，该场比赛的剩余部分必须继续实行，直至该场比赛结束。

（2）时限到时，球处于比赛状态，裁判员应暂停比赛，由被暂停回合的发球员发球，继续比赛；球未处于比赛状态，应由前一回合的接发球员发球继续比赛。此后，每个运动员都轮发 1 分球，直至该局结束。如果接发球方进行了 13 次合法还击（包括接发球），则判接发球方得 1 分。同正常比赛一样，一局比赛先得 11 分的一方获胜，10 比 10 平后，先多得 2 分的一方获胜。

（3）每一局比赛过程中，发球次序与正常比赛一样，但每 1 分换发球代替了每 2 分换发球。每一局单打比赛开始时首先发球的运动员和双打比赛首先发球的一方，以及双打比赛首先接发球的运动员均由比赛开始时确定的比赛次序决定，即使发球员和接发球员可能与前一局结束时的运动员相同。

（4）程序：

①当时限到时，除非比分已经达到 9∶9，否则计时员应大声宣布"时间到"。如果有必要，裁判员应重发球，并通知运动员该场比赛的剩余部分将实行轮换发球法，然后根据规则确定正确的发球员和接发球员。除非裁判长授权，否则当时限到时，裁判员应立即报告裁判长，由裁判长指派该场比赛的计数员，特别是只有一名裁判员执法时。

②此后，只要接发球员接球，计数员就应大声地报出接发球方的回击数，从接发球开始，从 1 数到 13，报数应在接发球员拍触球的瞬间报出，而不要等到球成为合法还击或已脱离比赛状态时再报。如果接发球方的 13 板还击是合法还击，裁判员应立即喊"停"，并判接发球方得 1 分。

第五节　比赛官员

一、裁判长

每次竞赛应指派一名裁判长，其身份和工作地点应告知所有参赛者及队长，裁判长应对下列事项负责：

（1）主持抽签。

（2）编排比赛日程。

（3）指派裁判人员。

（4）主持裁判人员的赛前短会。

（5）审查运动员的参赛资格。

（6）决定在紧急时刻是否中断比赛。

（7）决定在一场比赛中运动员是否可以离开赛区。

（8）决定是否可以延长规定练习时间。

（9）决定在一场比赛中运动员能否穿长运动服。

（10）对解释规则和规程的任何问题做出决定，包括服装、比赛器材和比赛条件的可接受性。

（11）决定在比赛紧急中断时，运动员是否练习，以及练习地点。

（12）对于不良行为或其他违反规程的行为采取纪律行动。

裁判长或其缺席时负责的代理副裁判长，在比赛过程中自始至终应亲临比赛场地。如果裁判长认为有必要，可在任何时间更换裁判人员，但不得更改被更换者在其职权范围内就事实问题做出的决定。

运动员从抵达比赛场地开始至离开场地，运动员应处于裁判长的管辖之下，练习大厅和练习区应视作比赛场地的范围。

对诸如因伤要求中断比赛或取消不良行为运动员参赛资格等事例，裁判长是唯一的裁决者。他必须始终如一，避免有任何偏袒特殊运动员的嫌疑。在主要的锦标赛上已普遍采用裁判长和副裁判长来自不同协会的办法，以便发生争议时，可以由中立的裁判长或副裁判长处理问题。

裁判长有责任指派每场比赛的裁判人员，虽然他通常不亲自指派裁判人员，但他必须确信被指派的裁判人员是能够胜任的，并且保证他们执法的公正性和一致性。在赛前的情况介绍会上，裁判长应该对裁判员解释他希望如何运用规则和规程，特别是有新的或有可能引起争议的规则和规程时，必须向裁判员讲清楚，以便在比赛的过程中保证在时间和空间上执行规则的尺度一致。目前对于临场裁判来讲最难统一的是判罚发球犯规、运动员行为犯规、教练员场外指导等问题，而这些问题如果不能做到在时间和空间上的统一，就会给比赛带来麻烦。因此，裁判长一定要在赛前的准备会上对临场裁判员提出要求，并在每天早晨举行的通报会上及时报告前一天发现的问题，再针对发生的情况，提出改进的意见。

二、裁判员

每次比赛均应指派 1 名裁判员和 1 名副裁判员。裁判员应坐在或站在球台的一侧，与球网成一条直线。副裁判员应面对裁判员，坐在球台另一侧。

（1）裁判员应对下列事项负责：

①检查比赛器材和比赛条件的可接受性，如有问题向裁判长报告。

②需要时指定比赛用球。

③主持抽签确定发球者、接发球者和方位。

④决定是否由于运动员身体伤病而放宽合法发球的某些规定。

⑤控制方位和发球、接发球次序，纠正上述有关方面出现的错误。

⑥决定每一回合得 1 分或重发球。

⑦根据规定的程序报分。

⑧在适当的时间执行轮换发球法。

⑨保持比赛的连续性。

⑩对违反场外指导或行为规定者采取行动。

（2）副裁判员决定处于比赛状态中的球是否触及距离他最近的比赛台面的上边缘。

（3）裁判员和副裁判员均可判决：

①运动员发球动作是否合法。

②合法发球在球越过或绕过球网装置时，是否触及球网装置。

③运动员阻挡。

④比赛环境受到意外干扰，该回合的结果有可能受到影响。

⑤掌握练习时间、比赛时间及间歇时间。

（4）执行轮换发球法时，副裁判员或另外指派的一名裁判人员均可当计数员，计数员的唯一职责是计接发球方运动员的击球板数，其就这个事实问题所做的决定其他人无权更改。

（5）裁判员不得否决副裁判员或计数员在其职权范围之内所做出的决定。

（6）从抵达比赛区域开始至离开比赛区域，运动员应处于裁判员的管辖之下。

（7）裁判员的基本职责是决定每个回合的结果。规则和规程上的某些规定虽然不是裁判员的职责，裁判员原则上无权处理，但却要他先行做出裁决。例如，当运动员的发球或回击受到超出运动员所能控制的环境因素影响时，决定该回合是否重发球，以及一个运动员的行为是否可以接受等。

（8）如果一场比赛只有一名裁判员执法，那么他是本场比赛中发生所有事实问题的最终裁决者，包括擦边球和所有有关发球方面的裁决。在这些情况下，裁判员必须掌握好比赛的练习时间、休息时间和持续时间，但一旦比赛时限到，需要执行轮换发球法时，需另一名裁判员来协助他计数。

（9）有时裁判员必须接受副裁判员等其他裁判员所做出的某些裁决，但如果他们认为该裁判员所做出的裁决超越了他的权限，副裁判员等其他裁判员有权要求解释，经询问，如果该裁判员的裁决确实超越了他的权限，副裁判员等其他裁判员可以否决那个裁判员做出的错误裁决，或者更正，更常见的是宣判该回合为重发球。

（10）如果在双打比赛中，裁判员坐着执法不能看清楚发球时球是否落在正确的那半边台区内，应建议他站着执法，而在单打比赛中不赞成裁判员站着执法，因为这样可能会遮挡观众的视线，而对于公正执法来讲这是不必要的。

（11）在国际比赛中常常指派一名副裁判员来分担裁判员的职责。例如，副裁判员全权处理靠近他一侧的擦边球，他与裁判员一样有权决定运动员发球行为的合法性，运动员是否阻挡和某些重发球的情况。

（12）在有些情况下裁判人员所做出的决定可能被其他的决定所代替。例如，如果裁判员已经看清运动员移动了比赛台面，而是否触及靠近副裁判员那一侧的边缘则可以不予理睬；再如，裁判员因外界球进入而已先判定该回合为重发球，副裁判员判定的发球违例就不再失分了。

（13）裁判员和副裁判员均可以作为一场比赛的计时员，一般是在开始比赛前由两名裁判员协商解决，一经确定，在已使用时间问题上的纠纷，计时员的决定是最终的决定。计时员的职责是监督比赛的练习时间、局与局之间的中断时间和比赛中的规定中断时间。

三、申　诉

（1）在单项比赛中的双方运动员或团体比赛中的双方队长之间达成的协议，均不能改变该场比赛的裁判人员就事实问题所做的决定；不能改变裁判长就解释规则或规程的问题所做的决定；亦不能改变竞赛管理委员会对竞赛或比赛管理问题所做出的决定。

（2）对有关裁判人员就事实问题所做出的决定，不得向裁判长提出申诉；对裁判长就解释规则或规程的问题所做出的决定，不得向竞赛管理委员会提出申诉。

（3）对裁判人员就解释规则或规程的问题做出的决定不服时，可以向裁判长提出申诉，裁判长的决定为最后的决定。

（4）对裁判长就未包括在规则和规程中的有关比赛管理问题所做出的决定有不同看法时，可向竞赛管理委员会提出申诉，竞赛管理委员会的决定为最后的决定。

（5）在单项比赛中，只能由参赛的运动员就该场比赛中出现的问题提出申诉；在团体比赛中，则只能由参赛队的队长就比赛中出现的问题提出申述。

（6）对裁判长就解释规则或规程的问题所做出的决定或竞赛管理委员会就比赛管理方面的问题所做出的决定仍有异议时，可以由有权申诉的运动员或队长，通过所属协会，将问题提交国际乒联规则委员会裁决。

（7）国际乒联规则委员会将就此做出裁决，作为将来决定的指南。所属协会仍可以就该裁决向理事会或代表大会提出反对，但不影响裁判长或竞赛管理委员会已做出的任何最后决定。

（8）当出现对裁判员提出申诉时，只有该裁判员可以加入辩论。就申诉，裁判长可以征求同场其他裁判员甚至一名观众的证词或意见，但其一旦陈诉完毕就不得继续参与讨论，任何无关人员不得介入。

四、更换裁判员

（1）竞赛期间，不管是一场比赛开始前，还是比赛进行中，有时会出现临场裁判员无法履行职责的问题，虽然这类事很少发生，但如果发生了，裁判长就必须行使权力来处理这类事件。如果更换裁判员是唯一合适的方式就应进行更换。

（2）裁判长必须考虑的是，更换与否，哪个更可能使比赛结果不公平。假如一名裁判员的执法是正确的、一致的，没有蓄意偏袒的迹象，仅仅因为他的裁定可能对一方的影响比另一方大，则不应该成为更换裁判员的理由。

（3）一名运动员抱怨执法太严厉或者其被裁判员反对过，不应当取消该裁判员对那个运动员要参加的那场比赛的执法权力，同样，比赛中，裁判员与运动员或队长之间持续的争执也不能成为更换裁判员的依据。

（4）一个裁判员偶尔出现错误，如果能很快纠正，则不足以成为更换裁判员的理由。如果错误一再出现，但比赛结果明显不会受到影响，裁判长通常不要干涉该局比赛。但必须重视观众的反应，尤其是重大比赛中有门票销售的比赛。

（5）只有当裁判长确信该裁判员持续留用可能会损害比赛结果的公正性或运动

员对裁判员的执法完全失去信任时，裁判长才可更换裁判员，此时影响尽量要小，裁判长应该向被更换的裁判员解释理由，避免在公众面前批评裁判员。

（6）即使一个裁判员因为裁决错误而被更换，但他在权限范围内根据事实所做出的裁决不得更改，假如这些裁决明显是由于错误地理解了规则或者超越了他的权限，那么可以考虑把受到影响的比分作废，不过通常更好的做法是从原有比分继续比赛。

五、裁判人员的基本表现

（1）裁判员除了基本职责是保证比赛的公平性外，在赛场的面貌上也有着必不可少的作用。然而，这并不是鼓励他们沉溺于个人表演。一场比赛中的裁判员最好是不被注意，因为他们不引人注目地管理着比赛，使得运动员和观众都被吸引到比赛的进程上。

（2）裁判员执法时应精神饱满，注意力集中在正在进行的比赛上。不执法时，应注意不要让不庄重的行为破坏自己的威信。裁判人员在比赛期间不应离开他的位置，除非有特殊原因，如一局比赛结束时，收回比赛用球或恢复挡板位置。

（3）即使在不当执期间，比赛裁判人员也应当注意使他们的言行不会引起其他人对其上级的偏见，也不会引起对其他协会或对这项运动不喜欢的反应。与运动员友好相处是重要的，但应该小心不要表现出和一些特殊运动员过度友好，或者给予任何偏袒。同时，也应避免公开批评其他裁判人员和管理者。

（4）裁判人员还有责任保持比赛赛场的外观，赛场必须保持整洁，清除无关人员和器材，只有与该场比赛直接有关的裁判员方可进入赛场。裁判员的位置应既便于执行任务又不惹人注目。

（5）组织者通常对允许进入队员席的人数有限制，在单项比赛中，也可对单打或双打运动员的随行人员进行人数的限制。裁判员的职责是确保这类人数限定得到遵守，如果需要，可以中断比赛，直到那些无权进入的人撤离。

（6）有的锦标赛中，职业面貌都应成为习惯，裁判员在任何时候都应让人感觉自然和舒适。

六、裁判员的服装

国际A级赛事应穿着裁判员协会的统一服装，这种服装通常包括一件上衣和一条裙子或裤子。但此服装并不适合在所有季节穿着。例如，在非常闷热的环境中，裁判员穿着裁判服，执行一场持续很长时间的比赛，将是难以忍受的，而有时比赛大厅则可能非常寒冷。在这些情况下，一次比赛的所有裁判员可协商确定如何改变裁判服，如都穿相同颜色的羊毛套衫。最重要的是裁判员的服装必须整洁，应尽可能穿着一致。必须强调的是，改变裁判服应得到组织者的赞同。

第六节　乒乓球比赛的管理

一、报　分

（1）球一结束比赛状态，裁判员应立即报分。如考虑掌声或其他嘈杂声会影响报分，应在情况允许时立即报分。

①报分时，裁判员应首先报下一回合即将发球一方的得分数，然后报对方的得分数。

②一局比赛开始和交换发球员时，裁判员应用手势指向下一个发球员，也可以在报完比分后，报出下一回合发球员的姓名。

③一局比赛结束时，裁判员应先报胜方运动员的姓名，然后报胜方的得分，再报负方的得分。

（2）裁判员除报分外，还可以用手势表示他的判决。

①当判得分时，裁判员可将靠近得分方的手举至齐肩高。

②当出于某种原因，回合应被判为重发球时，裁判员可以将手高举过头表示该回合结束。

（3）建议发球员在双方运动员未准确得知比分之前，不要发球；如裁判员认为发球员经常发球过早，对对方有不利影响，应警告发球员推迟发球；如有必要应提醒接发球员举手表明自己未准备好。

（4）报分以及在实行轮换发球法时的报数，裁判员应使用英语，或用双方运动员及裁判员均能接受的任何其他语言。

（5）应使用机械或电子设备显示比分，使运动员和观众都能看清楚。

（6）裁判员报分要清晰，但应注意词语不要倾向于某方运动员，为使观众较准确地了解比赛进程，裁判员报分应当音量大一些，如使用话筒，裁判员应该适应一下它的特性，并且能准确地掌握，否则可能会把裁判员并不想让观众听到的声音传送出去。

（7）通常一个回合结束时，裁判员应立即报分，而不应该等到他判断运动员已经准备好并可以恢复比赛时再报。如果比赛场地的喝彩声太大或一名运动员到赛场的后部捡球时，裁判员可暂缓报分，直到裁判员确定所有运动员都能听到比分时再报。

（8）虽然裁判员使用运动员的姓名是有选择性的，但他应该确定如何正确地读运动员的姓名，裁判员应在比赛开始前向运动员核实他们姓名的正确发音。

（9）当比分相同时，可报为"4比4"或"4平"，比分"0"可以用"love"或"zero"表示。在一局比赛开始时，裁判员可以宣布"0比0，王励勤"，但说"王励勤发球，0比0"更好，因为这样可以避免报分结束之前运动员发球。如果回合为重发球，裁判员应重复上一个回合结束时的比分，以表示该回合没有得分，但不必将手指向下一个发球方，以免使观众误会为换发球。

（10）在团体比赛中，报分时可以用参加比赛协会的名称代替上场运动员的姓名，或者两者同时报，在开始比赛时可以报成"中国队王励勤发球，0比0"。在单局比赛中，比分可以报为"5比5，中国"。在某场比赛结束时，裁判员可以宣告："11比7，中国，中国3比2胜，中国1比0，领先。"

（11）在国际比赛中报分或在执行轮换发球法计数员报接发球员接球数时，必须使用英语，但也可以使用双方运动员和裁判员都能接受的语言。一般来讲，除非另一种语言更容易被观众所接受，否则最好使用英语。

（12）除报分外，裁判员还可以用手势来表示他的判决，尤其是在嘈杂声很大，裁判员的报分难以被听清时。即使裁判员因为喝彩声或运动员捡球而延迟报分，一个及时的手势，也可以让计分员立即翻分，而不需要等到报分后。

（13）当需要换发球时，裁判员应将手指向下一个发球员。手势应是：靠近下一个发球员的手臂伸直侧平举，掌心朝前，手指向下一个发球员一边，但并不要求指向下一个发球员所站的位置。

（14）当副裁判员在其职权范围内做出重发球的判定时，为引起裁判员的注意，他也应把手高举过头。

（15）解释语。

①通常裁判员不必去解释做出的决定，而且应避免不必要的通告。例如，一个发球员发球明显犯规，而此球下网时，裁判员就没有必要喊"犯规"。但是，如果一个回合在没有自动结束或原因不明显的情况下，裁判员就做出判定，可用下列标准的术语进行简单的解释。

②推荐的解释语如下。（表 11 –1）

表 11 –1　推荐的解释语

发生的情况	标准术语
运动员身体、衣服或球拍触网	碰网
比赛台面移动	台面移动
不执拍手触及比赛台面	手触台
球被运动员阻挡	阻挡
球连续在同一台区弹跳两次	两跳
同一运动员连续两次击球	连击
双打运动员击球次序错误	错误运动员
双打比赛发球中，球跳到错误的半区	错区

③必要时应该进行详细解释，尤其是当运动员的发球被判犯规，但他却不清楚自己错在哪里时。语言问题可用手势来克服，如当运动员未注意球擦边时，裁判员可用手指向擦边处。如果裁判员不能用语言表明运动员的发球动作如何犯规时，可以把已判罚的发球动作表演一下等。

二、器　材

（一）球

（1）运动员不得在赛区内挑选比赛用球。

（2）但在任何可行的地方，在他们达到比赛球台之前应给予机会挑选比赛用球。比赛时运动员必须接受裁判员从他们事先挑选过的用球中随机拿出的球进行比赛。如果因为某种原因运动员事先没有挑过比赛用球，则裁判员有责任随机从一盒为比赛特别准备的商标、类型、颜色均符合要求的新球中拿一个进行比赛。

（3）如果比赛中球损坏，应由比赛前选定的另外一个球代替；如果没有赛前选定的球，则由裁判员从一盒大会指定的比赛用球中任意取一个球代替。如果这类事情发生，可以允许运动员用新球进行练习，但必须让运动员明白这样做仅仅是为了使他们适应这个球的特性，而不是让他们挑选比赛用球和要求替换比赛用球。

（4）裁判员有责任确保每场比赛用球的品牌、星级和颜色与指定的比赛用球相同，即使双方运动员都喜欢使用其他型号的球也不能允许，运动员任何企图用其他球替代指定用球的行为，都可被认为是不良行为而按有关规程进行处理。

（二）球拍覆盖物

（1）在执行国际锦赛规程的比赛中，运动员所使用的球拍上用于击球的拍面的覆盖物应是国际乒联现行许可的品牌和型号，在其边缘必须附有清晰可见的商标型号及国际乒联的标记。运动员在黏合胶皮时必须使这些标志清晰可见，以便于裁判员检查。

（2）无论球拍的两面是否有覆盖物，都必须一面为鲜红色，一面为黑色，用来击球的拍面必须有覆盖物。覆盖物必须覆盖底板的击球部分，但不得超出。裁判长必须决定这个宽限的范围，并要求裁判员按照他的要求执行，一般情况下大多数裁判长允许的宽限是 2 毫米。

（3）虽然只有符合现行规则和规程的材料才能允许使用，但并不是有许可标志的覆盖物就一定合法。原来的海绵层可能被替换成更厚的海绵层，胶水也可能导致海绵层膨胀，因此应该始终检查覆盖物的厚度。

（4）对裁判员和裁判长来说，关于球拍覆盖物的光泽问题是最难做出决定的方面之一，虽然这些能用 EEL 光泽度测量仪来测量，但这种设备在比赛中不经常配备，必须找出一些更实用的方法。例如，将一把量网器具以一个角度对着拍面时，它上面的字母能被清晰地识别出来，则可以认定这块拍面覆盖物光泽太亮。

（5）裁判员必须对照现行获准可用的覆盖物清单来检查球拍的覆盖物，要求出现"ITTF"标记，但这并不是覆盖物被批准的证明，在 ITTF 网页上有最近许可的球拍覆盖物的列表。

（三）球拍黏合剂

（1）覆盖物可以通过压敏黏合胶皮和液体黏合剂粘在底板上，它们必须不含有害溶剂，组织者必须为运动员提供一个合适又通风的粘贴处用于粘贴球拍，运动员不能在比赛大厅，包括更衣室和练习区域及观众席内任何其他地方使用液体黏合剂或溶剂。

（2）一场比赛之后，比赛的球拍将进行违禁溶剂的检测。一块球拍的赛前检测包含不合法黏合剂的水平，如超标球拍将被没收，运动员将不得不使用其他通过检测的球拍；如果没有时间在赛中发球前进行检测，替换上来的球拍将在赛后进行测试。经检查合格的球拍将注上标记，并交给在球台前当值的裁判员。

（3）一名运动员的球拍在赛后检测中被发现有不合法的黏合剂，且含量达到不能接受的水平，该运动员将被取消比赛资格。但通常会给予运动员更早的自愿测试的机会，这不会导致任何处罚。运动员可以选择在赛前还是赛后测试，如果在赛前进行测试，测试后必须由测试人员把球拍直接交给当值的裁判员。运动员在测试和比赛开始之前不能使用球拍；而在赛后进行测试，如果球拍不符合规定，运动员将被取消比赛资格。

（四）球拍的检查

（1）裁判员应该在运动员开始赛前练习时，对所用的球拍进行检查，尽可能避免比赛不必要的拖延。由于球拍损坏不得不更换球拍时，裁判员必须尽快对球拍进行检查，并且应该给对手检查球拍的机会。

（2）如果裁判员认为球拍是不合法的，他应该解释原因，指出问题的事实原因在哪里，如覆盖物太厚。运动员可能会接受这样的处理，更换使用的球拍。如果运动员不接受，裁判员必须报告裁判长，裁判长对球拍的合法性有最终的决定权。同样，如果对手提出反对，而裁判员认为合法，也必须报告裁判长，由裁判长最终做出决定。

（3）一名运动员在比赛期间不能更换球拍，除非由于意外事故损坏，以致不能使用。如果发现运动员在球拍没有损坏的情况下更换了球拍，裁判员应立即中断比赛，报告裁判长，该运动员可能会被取消比赛资格。

（4）每局比赛间歇时间，运动员必须将他们的球拍放在球台上，没有裁判员的特殊允许不能拿走。如果裁判员同意，运动员以任何理由在比赛的间歇时间拿走他的球拍，在下一局比赛开始之前，必须交给裁判员和对手检查。

（五）球拍损坏的处理

（1）比赛开始时合乎规则的球拍在比赛中可能被损坏，并可严重到不符合规则的规定，如破坏了覆盖物的整体性和胶皮颗粒表面的统一性。如果运动员希望继续使用损坏的球拍，而裁判员怀疑继续使用是否合法，应立即报告裁判长。

（2）在决定是否允许使用已经损坏的球拍时，裁判长必须考虑对对手产生的影响。例如，用已损坏的拍面击出的球可能反弹不规则，而要求继续使用的运动员甘愿冒这个风险时，裁判长认为对手的回击可能受到影响，则不能允许运动员继续使用已损坏的球拍。除非损坏是轻微的，通常最好的办法还是要求运动员立即更换球拍。

三、练 习

（1）在一场比赛开始前2分钟，运动员有权在比赛球台上练习，正常间歇不能练习。只有裁判长有权延长特殊的练习时间。

（2）在紧急中断比赛时，裁判长可允许运动员在任何球台上练习，包括比赛用的球台。

（3）运动员应有合理的时间检查和熟悉将要使用的器材，在替换破球或损坏的球拍以后，运动员可练习少数几个回合，然后继续比赛。

四、间 歇

（1）除了一方运动员提出要求外，比赛应该继续进行。

①在局与局之间，休息时间不超过1分钟。

②每局比赛中，每得6分后，或决胜局交换方位时，用短暂的时间擦汗。

（2）一名或一对双打运动员可在一场比赛中要求一次暂停，时间不超过1分钟。

①在单项比赛中，暂停应由运动员或指定的场外指导者提出；在团体比赛中，应由运动员或队长提出。

②如果一名运动员或一对运动员与其指导者或教练员对是否暂停有不同意见，在单项比赛中决定权属于这名运动员或这名运动员与其指导者或教练员；在团体比赛中，决定权属于指导者或教练员。

③请求暂停只有在球未处于比赛状态时做出，应用双手做出"T"形表示。

④在得到某方合理的暂停请求后，裁判员应暂停比赛并出示白牌，然后将白牌放在提出要求暂停一方运动员的台区上。

⑤当提出暂停的一方运动员准备继续比赛（以时间短的计算）或1分钟暂停时间已到时，白牌应被拿走并且立即恢复比赛。

⑥如果比赛双方运动员或是他们的代表同时提出要求暂停，应在双方运动员准备恢复比赛或暂停时间满1分钟时继续比赛。在这场单项比赛中，双方运动员都不再有暂停的权力。

（3）不允许运动员延长休息时间和间歇时间。如果时间结束时，运动员还没有回到球台继续比赛，裁判员应召回运动员。所有的局间休息时间都必须限定在1分钟以内。一次局间休息时间没有用完不能移到下一次局间休息。任何一方都可以要求局间休息，不必征得对方运动员的同意。

（4）受伤。

①如果由于事故或生病，运动员不能继续比赛，裁判员应立即报告裁判长。裁判长可以在比赛期间紧急中断比赛，让运动员接受治疗或休息恢复，只要中断没有给对方运动员造成不公正的影响和运动员能够在短时间内恢复，就可以继续比赛。

②如果失去比赛能力的状态早已存在，或在比赛开始前就有理由可以预见，或由比赛的正常紧张状态引起，则不能允许中断比赛。如果失去比赛能力的原因在于运动员当时的身体状况或比赛进行的方式，引起抽筋或过度疲劳，也不能中断比赛。只有因意外事故，如摔倒受伤而丧失比赛能力，才能允许紧急中断。

③如果中断被批准，应该用尽可能短的时间恢复比赛，中断时间不能超过10分钟。但是如果赛区内有人流血，应立即中断比赛，指导伤员接受医疗救护并将赛区内所有血迹擦干净后再恢复比赛。

④如果裁判长认为中断比赛会给对方运动员造成不利，或者受伤的运动员不可能在短时间内恢复，他可以中断比赛，而判对方运动员获胜。

（5）离开赛区。

①除非裁判长允许，运动员在单项比赛中应留在赛区内或赛区附近。在局与局之间的法定休息时间内，运动员应在裁判员的监督下，留在赛区周围3米以内的地方。

②紧急中断比赛时，裁判长可以接受受伤的运动员为了治疗而离开赛区，他也可以接受对方运动员或其同伴在紧急中断时离开赛区或在一些球台上练习，包括比赛球台。一名有责任心的裁判员应在运动员离开比赛区域时陪伴运动员。

（6）延误比赛。

①在整场比赛中，除了法定的间歇外，要求比赛必须是延续的。但如果球到了比赛区域以外，在它被运动员捡回前，显然比赛不可能继续。规则的意图是防止有意拖延比赛时间，如在发球前不断地弹击球等动作造成长时间的中断，或双打比赛的过程中在发球前长时间与同伴讨论等行为都应该被制止。

②在比赛开始前练习2分钟后，运动员必须马上开始比赛，而不允许接受来自教练和指导者的建议和指导。如果他们的练习时间少于2分钟，仍然不允许他们接受场外指导。

（7）擦汗。

①裁判员有责任尽可能地缩短整场比赛中任何的比赛中断时间，运动员也不能从任何额外休息或打乱比赛节奏中获利。现代乒乓球比赛的节奏较快，尤其是炎热条件下的比赛，运动员常常需中断比赛来擦汗，但是规则规定擦汗只能在比赛的某些阶段进行，而不是随时均可以擦汗。

②运动员有权力在一局比赛每 6 分球后和决胜局交换场地时的短暂时间擦汗。戴眼镜者可能有特别的问题，尤其是在炎热的情况下比赛，裁判员可以允许他们在任何回合之间用简短的中断擦干净眼镜片上的汗水。

③对擦汗限制的目的是防止运动员将擦汗作为一种拖延比赛的战术来运用，以便从中获得额外的休息，或者打乱对方运动员的比赛节奏。但没有理由不允许运动员在并不拖延比赛的暂停时间擦汗。如运动员可以在球飞离比赛赛区，另一名运动员将球捡回的空当时间擦汗。

（8）器材损坏。

①比赛可能被暂停的另一个原因是比赛器材被损坏。如果比赛运动员的球拍被损坏，裁判员不能允许运动员暂停比赛去取新的球拍，而是要求该名运动员在赛场内更换，如果运动员没有随身携带球拍，则要求其使用场外教练或运动员递过来的球拍继续比赛。在开始比赛前裁判员和对方运动员应对其进行检查，之后可允许运动员在重新开始比赛前用新球拍练习几下。但如果在该场比赛中该名运动员更换的球拍再次损坏，裁判员必须中断比赛报告裁判长，由裁判长决定如何进行第二次更换。

②如果在比赛进行中比赛用球损坏，不允许花费过多的时间更换破裂的比赛用球，但应允许运动员在重新开始比赛前用新的球练习几下。

③比赛区域内发生灯光损坏或其他可能延误比赛的严重干扰时，裁判员应立即报告裁判长，裁判长在可能的情况下，可将比赛调到另一张球台上进行。

五、计　时

比赛计时员必须对练习的时间、局与局之间和任何规定的中断时间进行计时。比赛期间，计时员应在明显中断间停止计时，并在下一回合一开始就重新启动计时器。此类中断有擦汗、决胜局交换方位，在赛区外捡球等耽误的时间。但在赛区内捡球，计时员不能停表。

六、服　装

（1）比赛服装一般包括短袖运动衫、短裤或短裙、短袜和运动鞋；其他服装，如半套或全套运动服，不得在比赛时穿着，得到裁判长许可时除外。

（2）短袖运动衫（袖子和领子除外）、短裤或短裙的主要颜色应与比赛用球的颜色明显不同。但主要颜色并不是指所占面积最大的颜色，在运动衫前面的一片单一的颜色可能只占整体面积的40%，也可被认为是主导颜色，反之相同比例颜色平均分布时，可能相对地不引人注意。

（3）服装的主体颜色尤为重要，裁判长必须对它是否与球的颜色有足够的对比做出判定。在使用橙色球时，黄颜色占主体的服装可以被接受；在使用白球时，部分白色背景的夹色服装符合要求；只要服装的颜色和球明显不同。

（4）在运动员比赛短袖服装的后背可印有号码和文字，用于标明运动员、运动员所属的协会，或在俱乐部比赛时，标明运动员所属俱乐部，但必须符合规则中有关的广告规定。如果短袖比赛服装的背后印有运动员的姓名，应该在紧靠衣领下的位置。对这些文字和徽章的颜色和尺寸没有特别的限制，但它们必须遵守服装颜色和设计的基本要求，并且不得与组织者要求运动员佩戴的识别号码相混淆。

（5）团体比赛同队运动员，或同一协会运动员组成的双打，应穿着同样的服装，鞋袜除外。一些小的细节上的不同是可以接受的。

（6）比赛的双方运动员应穿着颜色明显不同的运动衫，以使观众容易区分他们。因此在决定双方运动员的服装颜色是否能够被接受时，从比赛区域到观众席的距离必须被考虑到，明显不同的颜色应能使坐在观众席后排的观众清楚地辨认运动员。因此，双方运动员运动衫的主体颜色应完全不同，而不能仅仅是花色或图案不同。每场的当值裁判员应在运动员到场后至开始赛前练习之前解决好这个问题。

（7）当裁判员认为双方运动员所穿的服装区别不够时，应该询问双方谁将更换比赛服装。如果双方运动员都不同意更换比赛服装，裁判员应采用抽签的办法决定哪一方运动员必须更换比赛服装。如果运动员不接受这样的做法，裁判员必须立即报告裁判长。

（8）服装商可以任意设计服装，但不得带有可能产生不悦或诋毁本项运动声誉的设计和字样。因此，裁判长有权决定哪些设计可以接受，哪些不可以接受，但必须排除淫秽的图案、文字和政治标语。

（9）运动衫、短裤和短裙可允许有广告，有些产品的广告除外。不必限制服装制造商的标志或商标，只对广告的尺寸、数目有限制，而对其设计不限，但广告不得过分显眼或明显反光以致影响对手的视线，也不能有冒犯词语或符号。

（10）在短袖运动衫背部的中间位置应优先考虑佩戴组织者指定的用于标明运动员身份的号码布，而不是广告。这个号码布应是长方形，面积不大于 600 平方厘米。

（11）在运动服前面或侧面的任何标记或装饰物以及运动员佩戴的任何物品，如珠宝装饰等，均不应过于显眼或反光，以免影响对手的视线。

（12）通常裁判员最先有机会考虑运动员的服装是否遵守有关规定，如果裁判员确定是不合法的，他应该向运动员解释原因。如果运动员接受了他的观点，改变或替换了合法的服装，将不采取进一步的行动。仅在裁判员不确定或运动员不接受裁判员观点的前提下，才向裁判长报告。

（13）有关比赛服装的合法性及可接受性问题，应由裁判长决定，裁判长的决定是最终的决定。

（14）就裁判长而言，虽然有理由希望裁判员向他报告关于服装合法性问题的疑问，但他首先应该自己检查，不时地看看比赛大厅的周围，看看有没有明显不遵循标准要求的服装。在比赛期间应尽可能早做检查，否则裁判长难以公开地禁止那些不合法，但已在先前的几场比赛中穿过，且没有人提出过质疑的服装。

（15）对服装和其他比赛器材合法性的裁决，裁判长必须有一个一致的标准，不仅仅包括同场比赛之间的运动员。如有可能，在类似的其他比赛中也应用此标准。对于不确定之处，裁判长可以与在先前比赛中已被接受的相类似的服装做比较，并遵守更广为使用的标准。

（16）规则定义了"普通服装"，但没有特别排除服饰的条款，如头饰和圆形短裤。对比赛中出现的关于服装的问题，裁判长必须做出决定：什么是可以接受的，什么是不可以接受的。例如，戴头饰是由于宗教的原因，戴发带是为了阻挡长发影响运动员的视线，这些情况是可以接受的。但大多数裁判长不能接受类似向后反戴棒球帽的穿戴。

（17）如果一名运动员抗议，被对手反光的首饰或其他物品干扰了，裁判员应要求运动员遮盖或摘掉。如果这一要求被拒绝，无论裁判员的意见如何，都应报告裁判长。在以往的比赛中，佩戴了该物品而没有被提出异议的事实将不能成为理由，每种情况必须在现有的条件下被决定。

（18）运动员一般不得穿任何长运动服参加比赛，除非得到裁判长的允许，如比赛大厅非常冷、肌肉拉伤现象频繁或者运动员的腿有伤残又不愿意暴露等情况，裁判长可允许运动员穿着长运动服，但该运动服必须符合规则和规程的有关规定。

（19）应阻止运动员在观众看得见的地方更换服装。如果运动员的服装被撕破或被汗水湿透必须更换，可允许运动员在工作人员的陪同下，在比赛的间歇，离开比赛场地去更换服装。裁判长可在有人要求时批准，也可以在比赛前将此权力委托给裁判员。

（20）运动员参加冠以世界、奥林匹克或残疾人奥林匹克名称的比赛，或国际公开赛时，穿着的短袖运动衫、短裤或短裙等应为其协会批准的种类。

七、广 告

（1）在赛区内，广告只能在规定设置的器材和装置上展示，而不能单独设置广告。

（2）赛区内任何地方不准使用荧光或发光的颜色。

（3）挡板内侧的字样和标记禁止使用白色或橙色，亦不得超过两种颜色，其总高度应限制在 40 厘米以内；建议使用比底色深些或浅些的颜色。

（4）地板上和球台端面、侧面上的标记物颜色应深于或浅于底色，或者是黑色。

（5）比赛区域地面最多可有 4 个广告，球台的每个侧面和每个端面可各有 1 个广告，每个广告的总面积不得超过 2.5 平方米；广告与挡板的距离不得短于 1 米，两端的广告与挡板的距离不得超过 2 米。

（6）球台两个侧面各 1/2 处和端面均可有一个临时性广告，该广告不得是其他乒乓球器材供应商的广告，而且和永久性广告必须有明显区别；每个广告总长度不得超过 60 厘米。

（7）球网上的广告应深于或浅于背景颜色，与球网顶端的距离不短于 3 厘米，并且不得掩盖网眼。

（8）赛区内裁判桌或其他器材上的广告，其任何一面的总面积不得超过 750 平方厘米。

（9）运动员服装上的广告应受下列限制：

①制造厂家的正常商标、标记或名称，所占总面积不得超过 24 平方厘米。

②短袖运动衫正面、侧面和肩部不得有 6 条以上的广告，总面积不得超过 600 平方厘米，每条广告必须明显分开；短袖运动衫正面的广告不得超过 4 条。

③短袖运动衫的背后不得有两条以上的广告，总面积不得超过 400 平方厘米。

④短裤或短裙上可有不超过两个、总面积不超过 80 平方厘米的广告。

（10）运动员号码布上的广告总面积不得超过 100 平方厘米。

（11）裁判员服装上的广告总面积不得超过 40 平方厘米。

（12）比赛服和号码布上不得有烟草制品、含酒精饮料或者有害药品的广告。

第七节 乒乓球比赛的纪律

一、场外指导

（1）团体比赛，运动员可接受任何人的场外指导；单项比赛运动员只能接受一个人的场外指导，而这名指导者的身份应在该场比赛前向裁判员说明。如果一对双打运动员来自不同的协会，则可分别授权一名指导者的指导。如发现未经许可的指导者，裁判员应出示红牌，并令其远离赛区。

（2）在局与局间的休息时间或经批准的中断时间内，运动员可接受场外指导，但在赛前练习结束后到比赛开始前、擦汗或运动员及对方运动员捡球时不能接受场外指导。如果合法的指导者在不能接受场外指导的时间里进行指导，裁判员应出示黄牌进行警告；如在警告后再次违规，将被驱逐出赛区。

（3）任何人企图进行非法指导时，裁判员都应高举黄牌，并清楚地让所有相关的人均看见，对指导者进行警告，但裁判员不需要离开裁判椅去做这件事。在团体比赛中警告适用于运动员席上的每一个人。如果这场团体比赛中，有任何人再一次给予非法指导，裁判员应举起红牌，让非法指导者离开赛区。

（4）一场团体赛或单项比赛中的一场比赛，指导者已被警告过，如任何人再进行非法指导，裁判员将出示红牌，并将其驱逐出赛区，不论其是否曾被警告过。

（5）一名非法指导者远离赛区是指他必须远离赛区，到达不能影响比赛的区域。

（6）在团体比赛中被驱逐出赛区的人不允许在团体比赛结束前返回，除非需要其上场比赛。在单项比赛中，不允许在该场单项比赛结束前返回。

（7）如被驱逐出赛区的指导者拒绝离开或在比赛结束前返回，裁判员应中断比赛，并立即向裁判长报告。

（8）在比赛中有人会通过叫喊企图指导运动员。裁判员必须仔细分清是指导还是激励性的叫喊。指导不一定非说不可，通过手势也能进行，这种形式的指导，如同用不熟悉的语言指导一样很难察觉，但是，裁判员必须警惕试图影响比赛的任何违规行为，一经发现，必须马上按照规则进行处理。

（9）虽然行为规则规定可以对接受非法指导的运动员进行罚分，但是只有在运动员主动接受不合法场外指导时才能使用。如果运动员不是主动去寻求或不想接受场外指导，处罚运动员是很不公平的。在大多数情况下，最好直接处理进行非法场外指导的指导者。

（10）副裁判员常处在一个比裁判员更容易观察非法指导的位置，但他可以在回合之间非正式地警告指导者，多半是用手势。只有裁判员才能进行正式的警告。如果指导者继续给予非法场外指导，副裁判员应立即让裁判员注意这一行为，如有必要可中断比赛，中断比赛时裁判员应喊"停"，并举手示意。如果双方指导者分别坐在裁判员的左右两边，裁判员要想在比赛的回合之间，既准确地宣布比分，又及时地发现双方指导者的指导动作，几乎是不可能的，因此裁判员和副裁判员可以分工，明确一下每名裁判员各主要负责一方运动员的指导者。副裁判员发现他负责的一方指导者有非法指导行为时，应立即让裁判员注意这一行为，以保证比赛公平地进行。

（11）以上规定只限于对比赛的指导，并不限制运动员或队长就裁判员的决定提出正式申诉，或阻止运动员与所属协会的代表或翻译就某项判决的解释进行商议。

二、不良行为

（1）运动员和教练员应克制那些可能不公平地影响对手、冒犯观众或影响本项运动声誉的不良行为，如辱骂性语言，故意弄坏球或将球打出赛区，踢球台或挡板和不尊重比赛官员等。

（2）任何时候，运动员或教练员出现严重冒犯行为，裁判员都应中断比赛，立即报告裁判长；如果冒犯行为较轻，第一次，裁判员可出示黄牌，警告冒犯者，如再次冒犯将被判罚。

（3）除严重冒犯，运动员在受到警告后，在同一场单项比赛或团体比赛中，第二次冒犯，裁判员应判对方得1分，再犯，判对方得2分；每次判罚，应同时出示黄牌和红牌。

（4）在同一场单项比赛或团体比赛中，运动员在被判罚 3 分后继续有不良行为，裁判员应中断比赛，并立即报告裁判长。

（5）在一场比赛中如果运动员要求更换没有损坏的球拍，裁判员应停止比赛，向裁判长报告。

（6）双打配对中的任何一名运动员所受到的警告或判罚，应视为该对双打运动员的，但未受警告的运动员在同一场团体比赛随后的单项比赛中不受影响；双打比赛开始时，配对运动员中任何一名在同一场团体比赛中已经受到的最严重的警告或判罚，应视为该对双打运动员的。

（7）除教练员或运动员出现严重冒犯行为外，教练员在受到警告后，在同一场单项比赛或团体比赛中再次冒犯，裁判员应出示红牌将其驱逐出赛区，直到该场团体赛或单项赛中的该场单项比赛结束才可返回。

（8）无论是否得到裁判员的报告，裁判长都有权取消有严重不公平或冒犯行为的运动员的比赛资格，包括取消一场比赛、一项比赛或整个比赛的比赛资格。

（9）如果一名运动员在团体（或单项）比赛中有两场比赛被取消了比赛资格，则其参加团体（或单项）比赛的资格自动取消。

（10）裁判长有权取消已经两次被驱逐出赛区的任何人在本次竞赛剩余时间里的临场资格。

（11）非常严重的不良行为的事例应报告冒犯者所属协会。

（12）裁判员的责任。

①故意的不公正或冒犯行为在乒乓球比赛中并不普遍，通常只发生在少数运动员和教练员身上，但其影响却非常大，并且常常难以控制。因为不良行为能以多种形式来削弱规则的严谨性。执行和实施切实可行的行为标准，与其说是根据事实来做判定，倒不如说是一个判断和常识问题。

②对任何可能不公平的影响对方运动员，或冒犯观众，或有损本项运动声誉行为的运动员或教练员，裁判员应迅速做出反应。如果裁判员宽容了最初的哪怕是轻微的不良行为，甚至连不赞同的目光都没有，那么，如果后来这样的行为越来越多，越来越严重时，再执行规则就很困难了。

③裁判员应该避免对那些可能不是故意的不适当行为反应过度，因为这会导致运动员的不满和敌意，从而降低裁判员的威信。在处理这类事件时，裁判员要设法不让情况变得更糟，既不要让一般不被注意的事件扩大，不要伤害运动员，又不能让不良行为泛滥。例如，在比赛中，运动员由于气恼或得意而叫喊，在决定如何处

理时，裁判员首先应该考虑周围的环境情况。如果周围环境很嘈杂，总体的噪声很高，以至于运动员的叫喊声几乎难以察觉，更理智的做法是不中断比赛，直到回合结束后再劝说犯规的运动员。

④如果运动员、教练员对裁判人员不尊重，通常表现为不赞成他们的决定，并可能形成持续的抗议，并变换比分显示，甚至威胁裁判人员，这种行为损害了这项运动的形象和裁判员的权威，裁判员必须做出处理。

⑤当不良行为发生时，裁判员必须决定冒犯行为是否已严重到必须中断比赛，报告裁判长的程度。尽管这种方法随时可以选用，并且在适当的时候裁判员也必须采用，但建议裁判员在比赛中运动员第一次出现冒犯行为时，最好不要采取这样的措施，大多数情况下应首先警告犯规的运动员。

（13）警告。

①除非事件造成的不公正或引起反对的程度严重到不可避免，必须采取正式的措施来解决，一般情况下一句非正式的警告性的话或一个警告性的手势足以使有冒犯行为的运动员认识到这样的行为是不可接受的。如有可能，在进行这样的警告时，裁判员不中断比赛，而在回合结束后或一局比赛结束后的自然中断时间实施更为有利。

②在回合进行中，当裁判员相信某种行为可能造成不利影响时，或冒犯了观众，或是损害了这项运动的声誉，他应该立即宣布该回合为重发球，并举起黄牌对有犯规行为的运动员进行正式警告，并让被警告者明白：如再有犯规行为发生，他将被判罚。

③当已经给犯规的运动员一个正式警告后，黄牌卡应放在记分牌的附近，靠近被警告的运动员的分数旁。这个警告有效到单项比赛的剩余部分或团体比赛的剩余部分，提醒裁判员在以后的比赛中如果该名运动员或该方运动员再出现犯规行为，他将被判罚分。

④裁判员必须清楚，一旦运动员被正式警告，后面的犯规行为将自动进行罚分处理，但只要警告是公正的，裁判员就不必担心使用这个程序。但是，如果裁判员太轻率地给了运动员一个正式警告，他可能会发现他不得不在比赛的关键时刻，对一个犯规者进行罚分，而在许多人看来这个犯规可能是微不足道的，尤其是有观众观看的比赛。

（14）判罚。

①裁判员实施判罚分时，应同时出示红牌和黄牌，这个信号告诉裁判长或副

裁判长，本台运动员的行为出现问题，已经判罚，希望裁判长或副裁判长能到达比赛现场。此时，比赛应继续进行，通知裁判长的目的不是让裁判长认可判罚，而是让裁判长到达比赛现场，以便在事态进一步恶化时及时处理。如果裁判长和副裁判长都没能看到出示的牌子，裁判员应使用另一种事先约定好的信号或派人送信。

②有时候，在一局比赛已经结束，或在对方仅得 1 分就能获胜的情况下，裁判员判了运动员行为犯规，并使用了判罚分，如果整场比赛没有结束，未用过的判罚分将转入这个单项比赛的下一局比赛。比分从 0∶1 或 0∶2 开始，将得分判给有犯规行为的对方运动员。如果此时整场比赛已经结束，判罚分将被忽略。

③在团体比赛中，警告和判罚将带入后面的单项比赛，对一对双打运动员的警告和判罚将以两人中已被判罚过较高罚分的运动员为准。因此，如果一名运动员已在先前的比赛中被警告过，而他的双打同伴已在先前的比赛中被判罚了 1 分。那么，在双打比赛中，这两名运动员无论是谁，第一次出现犯规行为，这一对双打运动员都将被判罚 2 分。在一场双打比赛中，一个警告或判罚将适用于该场双打比赛中的这一对运动员，但在随后的本场团体比赛中，仅仅是有犯规行为的运动员将警告或判罚带入随后的比赛。

④在团体比赛中裁判员必须记录清楚运动员和教练员被警告和被判罚的情况，以便使其准确地转入后面的比赛，在单项比赛中也建议这样做。这将使裁判长在对运动员进行处罚时可以把运动员的一贯不良行为考虑在内，如当裁判长要决定是否取消一名运动员的资格时。因此，提倡在记分单上记录清楚本场比赛哪位运动员被警告或判罚过，并简单地描述事情发生的经过。

⑤不能因教练员的犯规行为对运动员进行罚分，这对运动员来讲是不负责任的，他可能会提出抗议。如果在对教练员提出正式的警告之后，教练员依然有不良行为，裁判员可以出示红牌，将其驱逐出比赛区域直到这场单项比赛或团体比赛结束。裁判员一旦采取这一行动，应该立即将这一事件报告裁判长。

（15）裁判长的责任。

①裁判长可根据运动员犯规行为的严重性，取消其在该场、该项，甚至整个比赛的比赛资格，裁判长有责任正确地做出判断。但当被告知一名运动员在判罚 2 分后，仍继续有不良行为时，裁判长通常会取消他的比赛资格。裁判长在取消一名运动员比赛资格时，应出示红牌。在非常严重的情况下，他也可以做一个正式的报告给运动员所属协会。

②一般来讲，裁判长是从当值的裁判员那里听到有关运动员的不良行为表现的，但有时，他也亲自去观察他们，并在裁判员报告之前进行处理。裁判长可以预测可能会出现的问题。例如，通过安排观看某个因不良行为曾经被警告或处罚过的运动员参加的比赛，来确认该运动员不再做出这样的行为。

③在那些没有先兆的比赛中，通常明显地可以从观众反应中察觉到一名或多名运动员出现了不良行为。通过观看比赛，裁判长就能发现出现了裁判员不能控制比赛局面的情况，而这时，他应该主动进行处理，或者告诉裁判员该怎样做，或者直接处理有犯规行为的运动员。